Sous la supervision de Louise Péloquin

Amélie Fléchet
Jérôme Robert

CONSTRUIRE L'AVENIR :

PORTRAITS D'ENTREPRENEURS QUÉBÉCOIS

Raymond Chabot Grant Thornton

JFD Éditions

Construire l'avenir: portraits d'entrepreneurs québécois
Amélie Fléchet et Jérôme Robert
Sous la supervision de Louise Péloquin

Catalogage avant publication de Bibliothèque et Archives nationales du Québec et Bibliothèque et Archives Canada

Vedette principale au titre:

Construire l'avenir: portraits d'entrepreneurs québécois

Comprend des réf. bibliogr.

ISBN 978-2-923710-12-9

1. Chefs d'entreprise - Québec (Province) - Biographies. 2. Entrepreneuriat - Québec (Province). 3. Nouvelles entreprises - Québec (Province). I. Emond Peloquin, Louise. II. Fléchet, Amélie, 1985-. III. Jérôme, Robert, 1987-.

HD38.25.C3C66 2011 658.40092'2714 C2011-940943-7

Les Éditions JFD Inc.
CP 15 Succ. Rosemont
Montréal (Qc)
H1X 3B6
Téléphone: (514) 999-4483
Courriel: info@editionsjfd.com

ISBN 978-2-923710-12-9
Dépôt légal: 2e trimestre 2011
Bibliothèque et Archives nationales du Québec
Bibliothèque et Archives Canada

Révision: Doris Gravel
Correction: Doris Gravel et Mylène Dorcé
Graphisme et infographie: Stéphanie Sansregret

Dans cet ouvrage, le masculin est utilisé comme représentant des deux sexes, sans discrimination à l'égard des hommes et des femmes, et dans le seul but d'alléger le texte.

Imprimé sur du *Rolland Enviro100 Édition scolaire*, contenant 100% de fibres recyclées postconsommation, certifié *Éco-Logo, Procédé sans chlore, FSC Recyclé* et fabriqué à partir d'énergie biogaz.

100%
BIO GAZ
ÉNERGIE
FSC
Recyclé
Cert no. SW-COC-001501
© 1996 FSC

Imprimé au Québec

TABLE DES MATIÈRES

REMERCIEMENTS
LA GENÈSE DE CE LIVRE

Les entrepreneurs apprennent des entrepreneurs. Nous avons besoin de connaître l'expérience des autres entrepreneurs.

Arguments maintes fois répétés par Jean-François Déry – l'éditeur de ce livre – alors qu'il était étudiant/entrepreneur à *HEC Montréal*. Sa détermination à me convaincre qu'il fallait absolument publier un premier livre proposant des portraits d'entrepreneurs diplômés de *HEC Montréal* a été le point de départ de ce livre. Je l'en remercie.

En 2006, j'ai eu la chance de rencontrer Amélie Fléchet et de lui donner la piqûre de l'entrepreneuriat. La maternité de ce livre lui revient de droit. Recensement des entrepreneurs, entrevues, rédaction, coordination, Amélie a mis son cœur et son intelligence au service de ce projet. Il n'y a pas de meilleure complice ! Puissions-nous continuer de collaborer ensemble pendant encore de nombreuses années.

Un grand merci à Jérôme Robert, qui s'est joint à notre petite équipe et a su donner à notre projet un second souffle. Sa détermination et son talent nous ont alors permis de mener à bon port le projet.

De plus, nous tenons à remercier *Raymond Chabot Grant Thornton*, la *Fondation HEC Montréal*, le *Service de l'enseignement du management* de *HEC Montréal* et la *Direction des programmes de certificat* de *HEC Montréal* pour leur soutien financier dans la réalisation de ce projet.

Enfin, nous sommes reconnaissants envers les 14 entrepreneurs qui se sont si généreusement prêtés à l'exercice. Chaque récit a été une source inépuisable d'inspiration que nous espérons contagieuse.

Bonne lecture,

Louise Péloquin
Responsable du profil entrepreneurship au baccalauréat à HEC Montréal

L'ENTREPRENEURSHIP : UN DÉFI POUR NOTRE RÉUSSITE ÉCONOMIQUE

Par Jean Robillard, président et chef de la direction
Raymond Chabot Grant Thornton

Le Québec doit surmonter des défis pour assurer sa compétitivité économique et accroître sa productivité. Parmi ceux-ci, l'entrepreneurship se classe en tête de peloton. C'est assurément une des conditions de notre succès, car, pour le moment, force est de reconnaître que nous traînons de la patte à ce chapitre.

Dans un contexte où le taux entrepreneurial diminue depuis 20 ans partout au Canada, où seulement 3 000 entrepreneurs québécois chez les 30 à 44 ans seraient de nouveaux propriétaires d'entreprise d'ici 2018, soit dix fois moins qu'en Ontario, et où l'entrepreneuriat au Québec subirait un important recul de 13,9 % d'ici 2018, il faut agir de toute urgence !

Chez *Raymond Chabot Grant Thornton*, nous accordons un vif intérêt à la relève entrepreneuriale et avons jugé à propos de regrouper nos experts dans une pratique que nous avons nommée à juste titre « Relève et continuité d'entreprise ».

Si le Québec aspire à mieux, c'est notre devoir collectif d'encourager la génération montante à devenir entrepreneur. Selon une récente étude de la Fondation de l'entrepreneurship, l'option de transmettre l'entreprise aux enfants est partagée par la majorité des cédants éventuels. Parmi les entrepreneurs de 35 ans et plus qui ont déjà identifié un successeur, environ 60 % d'entre eux privilégient cette option, ce qui se révèle une bonne nouvelle pour la pérennité de nos entreprises.

La transmission d'entreprise est en fait un processus à la fois complexe et délicat, composé d'enjeux fiscaux, stratégiques, humains, légaux et financiers. Nous sommes convaincus de l'importance de l'accompagnement des entrepreneurs cédants et de la relève, à travers les différentes étapes du processus.

Depuis maintenant 25 ans, *HEC Montréal* offre une formation en entrepreneurship à ses étudiants et forme les entrepreneurs de demain afin de satisfaire la volonté des entrepreneurs d'aujourd'hui, ce dont nous pouvons être fiers. Nous remercions l'institution de contribuer au développement des talents, avec tant d'efficacité et de professionnalisme, et l'encourageons à poursuivre son engagement auprès des décideurs en devenir.

Enfin, au nom de toute l'équipe du cabinet, je tiens à féliciter chaleureusement tous les gens d'affaires figurant dans ces pages, et qui ont accompli leur passion en devenant entrepreneurs. Je leur souhaite tout le succès mérité avec leur entreprise et les remercie de leur contribution à notre prospérité.

Raymond Chabot Grant Thornton est fière de partager votre passion des affaires. Nous sommes là pour collaborer à votre croissance !

Jean Robillard

PRÉFACES

BÂTISSEURS D'AVENIR

Il y a un peu plus de 25 ans, alors que j'enseignais le cours de management aux nouveaux étudiants de première année du baccalauréat, il m'est apparu évident qu'il y avait des étudiants qui avaient plus le sens des affaires que d'autres. Cela se révélait surtout lors des discussions de cas d'entreprise que nous abordions en classe. Un certain nombre d'étudiants que je rencontrais plus tard alors qu'ils étaient en deuxième ou en troisième année de leur baccalauréat me faisaient part de leur difficulté dans certains cours et de leur manque d'intérêt pour des cours qu'ils qualifiaient d'inutiles, alors qu'ils passaient beaucoup de temps à créer leur entreprise !

Devant cette situation, qui heurtait le bon sens dans le contexte d'une école de gestion, et à l'époque où le ministre de l'Industrie et du Commerce faisait la promotion du programme « Ose » pour encourager et soutenir la création d'entreprise, les ingrédients étaient réunis pour promouvoir la création d'une concentration en dernière année du baccalauréat. Le but était de créditer les efforts de la création d'entreprise tout en encadrant les projets par des cours pertinents pour en assurer des bases solides.

Ainsi est né ce qui est devenu l'actuel profil entrepreneurship. Les premiers étudiants entrepreneurs réalisèrent leur projet durant l'année universitaire 1985-86.

Que de bons souvenirs me reviennent à la mémoire ! Parmi ceux-ci, les plus indélébiles seront la passion, l'effort et la persévérance des étudiants et étudiantes pour leur projet. Leur bonheur après huit mois d'efforts soutenus sera d'avoir réussi à maîtriser leur projet pour être capable de convaincre n'importe quel interlocuteur de la viabilité de leur projet en question.

Que de moments intéressants et agréables j'ai passés avec mon collègue Jean-Pierre Béchard à discuter pédagogie et à trouver de meilleurs moyens afin de soutenir et d'encadrer les étudiants dans leurs projets. Jean-Pierre a ensuite pris la relève du profil entrepreneurship pendant quelques années pour éventuellement créer un certificat de création d'entreprise pour adultes.

Louise Péloquin, responsable du profil entrepreneurship au baccalauréat depuis déjà 10 ans, y a amené sa passion et en a fait le succès que le profil connaît actuellement. Notre longue collaboration au fil des ans, tant dans des dossiers de recherche que d'entrepreneurship, m'a donné beaucoup de plaisir et m'a permis de côtoyer une excellente pédagogue, une personne dévouée et généreuse. Je peux en témoigner, puisque chaque année, elle m'invite aux présentations de fin d'année des projets de ses étudiants et je constate l'excellence de la qualité des projets et l'appréciation sincère que lui témoignent ses étudiants, année après année.

L'entrepreneurship, c'est « une mentalité, une attitude qui pousse un individu, seul ou associé, à démarrer une nouvelle affaire et à prendre les moyens pour réaliser un désir ou un rêve, tout en assumant les risques de l'aventure » comme le définissait Paul A. Fortin dans son livre *Devenez entrepreneur* (1992). La lecture des 14 récits colligés dans ce livre témoigne éloquemment de la justesse de cette définition. Quelle belle façon de souligner les 25 ans du profil entrepreneurship, et ainsi de proposer des modèles inspirants à tous ceux qui ont cette mentalité, cette attitude de bâtisseur de leur avenir.

En lisant ces 14 récits, j'ai appris les défis auxquels font face les entrepreneurs dans leur secteur d'activité respectif. Il est évident que cette bande à part est animée par la passion, le goût du défi, la patience, la persévérance et la détermination de réussir.

À tous ceux qui ont un rêve, une passion, un goût de réalisation : « OSEZ »... vous pourriez être l'un des auteurs d'une future édition !

Bonne lecture !

Pierre Hugron
Professeur honoraire
HEC Montréal

INTÉGRER SES APPRENTISSAGES GRÂCE À L'ENTREPRENEURIAT

Ce que j'ai toujours aimé de l'entrepreneuriat comme domaine d'études est l'occasion que l'on donne aux étudiants de faire la synthèse de leurs ressources (connaissances personnelles, académiques et professionnelles) pour résoudre des problèmes complexes et authentiques, comme créer et gérer leur petite boîte, participer à l'expansion d'une entreprise existante par le truchement de projets intrapreneuriaux ou prendre la relève de l'entreprise familiale.

Paradoxalement, ce défi de transformer ses connaissances en compétences devrait être relevé par tous les étudiants des facultés et écoles de gestion. Mais en fait, les étudiants entrepreneurs n'ont pas attendu que tout le monde le fasse, ils l'ont réclamé haut et fort. En ce sens, les entrepreneurs de *HEC Montréal*, qui ont choisi soit le certificat en création d'entreprise, soit l'option entrepreneur du BAA, sont des précurseurs de changements futurs dans les programmes de gestion.

Par ces belles histoires de jeunes entrepreneurs, telles que présentées dans ce petit bouquin, il est fascinant de voir, au tout début, l'entrepreneur prendre toute la place puis, petit à petit, permettre à l'entreprise de se déployer et de le dépasser en quelque sorte. Des défis insoupçonnés jonchent quotidiennement le parcours de ces visionnaires; la façon de les dépasser pourrait inspirer bon nombre d'étudiants, tant en gestion que dans d'autres facultés universitaires.

La trajectoire des entrepreneurs est souvent atypique, mais ces derniers méritent notre admiration pour leur ténacité, leur énergie, leur vision et surtout pour leur capacité à tisser des liens et à construire des réseaux. En ce sens, ces jeunes gens confirment que l'entrepreneuriat est un jeu d'équipe dont les règles s'écrivent au fur et à mesure des matchs qui se présentent. Encore faut-il vouloir et pouvoir jouer au jeu des affaires dans une perspective de développement durable.

J'ai eu le privilège de succéder à mon collègue Pierre Hugron à la barre du profil entrepreneur au BAA, de 1996 à 2001, et de précéder Louise Péloquin, l'actuelle responsable. C'est avec ces deux enseignants chevronnés que j'ai eu les discussions pédagogiques les plus enrichissantes de ma carrière. Quant aux étudiants que j'ai encadrés, ce fut définitivement une expérience inoubliable et très formatrice en apprenant à les encadrer avec leurs projets d'entreprise sous le bras. Cette expertise m'a permis de concevoir en 2000 le premier certificat en création d'entreprise pour adultes (moyenne d'âge de 26-35 ans). Ces entrepreneurs m'ont beaucoup appris et je profite de cette occasion pour les remercier publiquement. Grâce à eux, je suis devenu un meilleur éducateur en milieu universitaire.

Alors, patience aux entrepreneurs et longue vie à toutes les entreprises qui ont profité des multiples facettes du soutien à *HEC Montréal* et au *Centre d'entrepreneurship HEC-POLY-UdeM*. Une fertilisation croisée : voilà le bilan des apports que je recense à côtoyer ainsi ces entrepreneurs, ces faiseurs de possible, ces âmes rebelles à l'autorité.

Bonne lecture à tous. Gare au risque de contagion entrepreneuriale !

Jean-Pierre Béchard
Directeur des programmes de certificat à HEC Montréal

PORTRAITS DES ENTREPRENEURS

CHAPITRE 1

PIERRE-LUC LAPARÉ

SIMPLE-SALES
(*GolfAvenue* et *Golf99*)

PIERRE-LUC LAPARÉ

FICHE PERSONNELLE

ENTREPRISE : Simple-Sales (Golf Avenue et Golf99)
SITES WEB : www.golfavenue.ca et www.golf99.ca
DATE D'INCORPORATION : juin 2006
VOS MENTORS : mon grand-père ainsi que nos judicieux conseillers : Bernard Laparé et Marc-André Bovet
VOTRE MEILLEUR ATOUT : mon associé
CE QUI VOUS MOTIVE : la réussite
VOTRE PLUS GRANDE FIERTÉ : la progression de notre entreprise jusqu'à maintenant
LA PREMIÈRE CHOSE À LAQUELLE VOUS PENSEZ QUAND VOUS VOUS LEVEZ : répondre aux courriels
SI VOTRE ENTREPRISE ÉTAIT UN ANIMAL : le tigre (Tiger Woods oblige!)

GOLFAVENUE.CA

PIERRE-LUC LAPARÉ
SIMPLE-SALES
(GOLFAVENUE ET GOLF99)

L'IDÉE

Le golf est une passion pour moi depuis très longtemps. Mon père et mes oncles, qui sont de bons golfeurs, m'y ont initié à l'âge de huit ans. Au cours de mon adolescence, je disparaissais tout l'été sur les parcours de golf, ce qui m'a mené à jouer dans le circuit junior québécois. Mais cette vie tranquille prit éventuellement fin. Lorsque j'ai atteint l'âge adulte, ma mère me recommanda fortement de me trouver un emploi d'été, histoire de gagner un peu d'argent et de m'initier au monde du travail. Cependant, occuper un emploi en restauration ou dans une boutique m'aurait pris trop de temps pour continuer à jouer intensément au golf et l'idée de commencer comme commis ou serveur ne me réjouissait guère. Je n'avais alors qu'une possibilité : créer mon propre emploi.

Mon ami Marc-Antoine Bovet, tout aussi passionné de golf que moi, était dans la même situation que moi. Il nous fallait trouver une solution pour ne pas délaisser les parcours de golf. Cela faisait quelque temps que nous avions comme projet de démarrer une entreprise ensemble, sans pour autant trouver un concept intéressant. Un jour, une idée nous vint en tête : acheter des surplus d'inventaires de bâtons de golf et les revendre sur internet. Nous nous sommes rendus dans l'une des boutiques *Golf Town*[1], la référence au Canada en matière d'équipement de golf. Il y avait 50 putters de la marque *Ping*, tous identiques, en liquidation. Après avoir négocié avec le gérant du magasin, nous sommes repartis avec tout le lot. C'était notre premier achat. En trois semaines, nous avions tout vendu. Nous sommes alors retournés au même magasin. Une liquidation de 100 *drivers* était en cours, mais cette fois pour des bâtons de plus grande valeur. L'investissement commençait à devenir plus important. Nous avons rencontré à nouveau le gérant, qui, étonné de voir deux jeunes racheter 100 bâtons identiques, nous demanda ce que nous allions en faire.

Nous lui avons alors expliqué que nous achetions ces bâtons à prix réduit pour ensuite les revendre sur internet à des clients nord-américains. Le gérant nous annonça qu'il faisait affaire avec une entreprise américaine qui leur achetait les

1. *Golf Town* est le plus gros détaillant de produits de golf au Canada avec un réseau de 55 magasins spécialisés.

bâtons usagés rapportés par les clients, mais que ce partenariat ne fonctionnait pas très bien. Il nous lança alors : « est-ce que ça vous tente? » Le concept consistait à racheter des bâtons d'occasion des clients qui venaient en acheter un neuf pour ensuite les revendre sur internet. Les clients recevaient alors un bon d'achat du magasin, qui équivalait à la valeur du bâton. Cela permettait de fidéliser les clients à la boutique qui, elle, prenait également un pourcentage sur le prix de rachat du bâton.

JE N'AVAIS ALORS QU'UNE POSSIBILITÉ : CRÉER MON PROPRE EMPLOI. »

Nous avons constaté à quel prix nous pouvions acheter puis revendre les bâtons. La marge nous paraissait satisfaisante et nous avons donc décidé, Marc-Antoine et moi, de nous lancer dans le commerce de bâtons de golf usagés. *Simple-Sales* était créée. À l'été 2006, nous avons racheté les surplus d'inventaires, les bâtons en démonstration, ainsi que les bâtons usagés des clients de deux magasins. Nous avons effectué un total de 250 ventes. Seuls les gérants et quelques employés étaient au courant de ce que nous faisions. Aucun directeur, de niveau provincial ou national, ne le savait.

LES ÉTUDES

Après ce premier été d'opération, j'ai commencé mon baccalauréat en administration des affaires à *HEC Montréal*. *HEC Montréal* était une voie tracée depuis longtemps. Depuis que j'étais à l'école primaire, mes professeurs me voyaient déjà étudier en administration et j'ai toujours eu un intérêt pour ce domaine d'étude. Malgré ce que l'on pourrait croire, l'option entrepreneuriat n'était pas évidente, mais s'avéra plutôt le fruit d'une discussion avec mon professeur du cours de management en première année. Pour illustrer tous les aspects de la gestion (et donc toutes les options de spécialisations offertes à l'école), ce professeur prit l'exemple d'un propriétaire d'un kiosque de limonade, qui doit à la fois gérer ses finances, son approvisionnement, ses opérations, la promotion de son service, etc. Plutôt que de me concentrer sur un aspect de la gestion en particulier, je voulais être ce patron qui devait tout gérer. À la fin du cours, je suis allé demander à mon professeur ce qu'il fallait faire pour devenir ce patron. Il me conseilla l'option entrepreneuriat et l'option comptable agréé. L'entrepreneuriat pour me permettre de monter ma propre entreprise et la comptabilité pour acquérir de la rigueur d'esprit et de la crédibilité en affaires.

Finalement, je me suis orienté en entrepreneuriat, car le profil de comptabilité restreignait les destinations possibles pour faire un échange universitaire. De plus, il fallait effectuer un diplômes d'études supérieures spécialisées (D.E.S.S.), en plus d'un stage de deux ans à la suite du baccalauréat. Enfin, le fait d'avoir ma petite entreprise me permettrait de travailler sur un projet concret et qui fonctionnait déjà. Avec le recul, je pense que le plus grand apprentissage de ma spécialisation entrepreneuriale fut la réalisation d'un plan d'affaires. Le simple fait de l'écrire nous oblige à penser à tous les aspects de notre entreprise. Même après trois étés d'opération, il y avait beaucoup de choses auxquelles je n'avais pas pensé !

DE L'IDÉE À L'ENTREPRISE

Comme nous vendions alors des bâtons exclusivement pendant la période estivale, nous avons repris les affaires en 2007 pour un deuxième été. Mais lorsque nous avons contacté les gérants de magasins, ils refusèrent de continuer à faire affaire avec nous, stipulant qu'ils devaient respecter leur entente avec la firme américaine. Horreur. Nous avons alors cru que l'aventure s'arrêtait là. Il était hors de question de baisser les bras. Nous avons analysé comment opérait notre concurrent. Il disposait simplement d'un catalogue téléchargeable en ligne, où les prix des bâtons usagés étaient ajustés chaque mois. Les responsables de boutiques devaient ainsi imprimer régulièrement le catalogue et rechercher manuellement les prix. De plus, ils n'offraient aucun service à la clientèle et leurs prix de rachat étaient bas. Nous y voyions des failles à exploiter. Pour les combler, nous voulions totalement informatiser le processus. En deux semaines, nous avons créé un site internet avec l'aide d'un ami informaticien. Le site internet, comporte une section qui permet d'obtenir le prix du bâton de manière instantanée selon sa marque, le modèle et son état. Nous avons également ajouté une section répertoire permettant aux gérants de magasins et à nous-mêmes de savoir en temps réel quand les bâtons étaient récupérés par les boutiques, mais se trouvaient encore dans leur entrepôt. Nous avons présenté notre innovation aux dirigeants des deux magasins partenaires et ils furent conquis par notre système. Les affaires ont donc repris !

LES DÉFIS DE LA CROISSANCE

Durant mes études, je continuais de développer l'entreprise avec Marc-Antoine. Le marché restait très saisonnier puisque la plupart de nos clients se trouvaient au Canada. Afin d'augmenter notre volume d'affaires, nous avons cherché à avoir plus de magasins partenaires. À l'été 2008, nous sommes allés nous adresser directement au vice-président du Québec de *Golf Town*. Le concept lui plut et nous avons obtenu six nouvelles boutiques à Montréal qui formaient, avec les deux que nous avions déjà, l'ensemble des magasins de la grande région métropolitaine de Montréal.

L'augmentation du nombre de boutiques impliquait quelques changements dans l'entreprise. Tout d'abord, après avoir établi notre bureau et entreposé les bâtons de golf chez Marc-Antoine la première année puis chez moi la seconde, nous avons déménagé dans un espace professionnel qui servait de bureau-entrepôt. Par chance, cet espace nous était gracieusement prêté puisqu'il appartenait au père de mon associé. Vint ensuite un autre changement majeur : l'embauche de notre première employée. Sa principale tâche était de mettre les bâtons en vente sur *eBay*, mais elle était également chargée de nettoyer les bâtons et de les expédier. Marc-Antoine et moi étions responsables des quatre activités suivantes : l'examen des bâtons de golf et des boîtes, la révision de la page de vente du bâton, les réponses aux questions des clients (en moyenne une question par bâton vendu) et les relations avec nos partenaires. Entre Marc-Antoine et moi, il n'y avait pas de répartition claire des tâches. Nous les faisions toutes, même si je m'occupais un peu plus de la comptabilité et de la relation avec les magasins et que Marc-Antoine se concentrait davantage sur les opérations.

Les affaires allaient pour le mieux et nous avons vendu autour de 1 200 bâtons en 2008. L'été suivant, en 2009, trois nouveaux magasins, dont un à Québec et un à Gatineau, se sont ajoutés aux huit avec lesquels nous faisions déjà affaire. Pour la première fois, nous avions des boutiques en dehors du Grand Montréal et nous devions adapter nos méthodes de facturation. Auparavant, nous allions toutes les deux semaines en magasin pour régler nos factures et récupérer les bâtons. Ensuite, cela devint impossible. Nous devions informatiser notre système afin que nos magasins de Québec et de Gatineau puissent émettre leurs factures en ligne. Il leur suffisait d'imprimer leur facture depuis le site internet et de la glisser dans la boîte d'envoi des bâtons. À la réception du paquet, nous n'avions plus qu'à vérifier la facture. Nous avions un délai de paiement de trois semaines, ce qui nous laissait le temps de vendre les bâtons de golf (une semaine aux enchères sur internet) et de récupérer l'argent pour les payer. Ce délai de paiement nous a permis de développer l'entreprise. Une nouvelle employée vint également s'ajouter à l'équipe pendant l'été. En 2009, nos ventes atteignirent 1 600 bâtons.

L'APPROVISIONNEMENT

L'approvisionnement était, et demeure, le point névralgique de notre entreprise. Vendre des bâtons ne posait pas problème, tant et aussi longtemps que nous trouvions des marchandises au prix désiré. C'est pourquoi nous devions élargir notre réseau de boutiques pour avoir accès à un plus grand nombre de vendeurs potentiels. À l'été 2009, nous avons regardé du côté de l'Ontario pour agrandir notre réseau. *Golf Town* y possèdait 20 magasins. Nous partîmes à la rencontre du vice-président exécutif de l'entreprise, dont le siège social se trouve à Toronto. Il était déjà au courant de nos activités par l'entremise du vice-président du

Québec. Sa principale préoccupation était de savoir si les deux gars de 22 ans devant lui étaient capables de payer les centaines de milliers de dollars de bâtons de golf supplémentaires que ces magasins nous apporteraient. C'était plutôt une bonne nouvelle pour nous, car cela signifiait qu'il savait que notre système informatique et notre service à la clientèle étaient excellents. Il regarda les chiffres actuels et nous tentâmes de le convaincre que nous pouvions faire deux à trois fois plus. Mais notre discours ne sembla pas le convaincre. Les dirigeants restèrent dubitatifs et souhaitaient y penser davantage; l'affaire ne fut pas conclue. Ils nous informèrent qu'ils nous contacteraient lorsqu'ils seraient prêts.

Même si le nombre des magasins partenaires n'augmenta pas, les services de rachat de matériel usagé commençaient doucement à se faire connaître auprès des clients de *Golf Town*. Nous n'avions jamais reçu autant de bâtons ! Le rachat de bâtons usagés représentait 90 % du matériel dont nous faisions l'acquisition, les 10 % restants provenaient des fins de série ou de modèles de démonstration en magasin. C'était la première fois depuis la création de l'entreprise que nous effectuions des ventes sur 12 mois. Nous n'avions pas fait de ventes durant les hivers précédents à cause d'un faible nombre de bâtons de golf rapportés en magasin. En effet, nos fournisseurs se trouvaient exclusivement au Canada, où le golf est au ralenti durant la saison hivernale. Les golfeurs achètent donc généralement peu de matériel en magasin durant cette période. Or, ils sont tout de même enclins à acheter du matériel usagé, et ce même pendant l'hiver, s'ils trouvent le bâton qu'ils désirent à un bon prix. De plus, nos clients se situent de part et d'autre de la frontière, dont un certain nombre dans le sud des États-Unis, où le golf se pratique à longueur d'année. Par conséquent, à cause de ces deux facteurs, nous avons vendu environ 50 bâtons de golf par semaine durant l'hiver 2010.

L'ÉQUILIBRE ÉTUDES-ENTREPRISE

Après mon baccalauréat, que j'ai terminé au printemps 2009 avec une concentration en entrepreneuriat, j'ai décidé d'effectuer une seconde spécialisation afin de devenir comptable agréé. Pour cela, je devais compléter une année de baccalauréat supplémentaire et un D.E.S.S. en comptabilité publique d'un an, puis réussir l'Évaluation uniforme (EFU) et, enfin, effectuer un stage de deux ans dans un cabinet comptable. L'hiver 2010 fut donc un véritable défi personnel. Je devais gérer la nouvelle activité hivernale de l'entreprise, tout en suivant six cours plutôt difficiles. Je parvins tout de même à consacrer 20 heures par semaine à l'entreprise. Marc-Antoine y a investi également le même nombre d'heures, et l'une de nos employées y consacrait 15 heures par semaine.

Cependant, cette solution n'était viable que tant que j'étais étudiant. En effet, à l'hiver 2011, j'avais trois mois de stage à effectuer au sein d'un cabinet comptable et à partir de l'automne 2011, je serai embauché pour deux ans de certification. Autrement dit, j'aurai un travail à temps plein à gérer en plus de mon entreprise. Il nous faut donc trouver une solution pour parvenir à concilier les deux, car je compte absolument mener ces deux projets de front.

L'ENVOL

L'été 2010 approchait. Nos processus étaient en place, bien rodés et nous étions prêts à intégrer les 20 magasins de l'Ontario. Nous reprîmes contact avec les dirigeants de Toronto, mais excédés de notre insistance, ils nous répondirent sèchement qu'ils nous feraient signe au moment opportun. Nouveau coup d'arrêt. Malgré cet échec, la saison commença plutôt bien. Nos deux employées, Marc-Antoine et moi travaillions à temps plein. Les ventes atteignirent 200-250 bâtons de golf par semaine. Tout allait pour le mieux. C'est alors qu'à la fin du mois de juillet, à ma grande surprise, j'ai reçu un courriel du vice-président exécutif de *Golf Town*. Ils avaient non seulement décidé de nous octroyer les magasins de l'Ontario, mais quitte à nous faire confiance, ils nous accordaient l'ensemble des magasins *Golf Town* du Canada ! C'était l'euphorie. Nous allions passer de 11 magasins partenaires au Québec, à 55 sur l'ensemble du territoire canadien, soit cinq fois plus ! Je filai au bureau pour montrer le courriel à Marc-Antoine. Nous devions rencontrer les dirigeants de *Golf Town* à Toronto le 3 août pour discuter des modalités. Quelle excitation !

GOLF TOWN *AVAIT NON SEULEMENT DÉCIDÉ DE NOUS OCTROYER LES MAGASINS DE L'ONTARIO, MAIS QUITTE À NOUS FAIRE CONFIANCE, ILS NOUS ACCORDAIENT L'ENSEMBLE DES MAGASINS DU CANADA !* »

Quelques jours plus tard, nous étions à Toronto, tout heureux de retourner dans ces bureaux pour conclure notre entente. Les dirigeants du groupe nous demandèrent si nous étions capables d'assumer l'ensemble de ces magasins. Évidemment, nous avons certifié qu'il n'y aurait aucun problème et nous avons rassuré nos interlocuteurs sur notre capacité financière à payer les bâtons. Après une heure de réunion, nous sommes ressortis du bureau. Le contrat n'était pas signé, mais tout semblait être sur la bonne voie. Le mois d'août fut donc dédié aux négociations des termes de l'entente. Avec Marc-Antoine et quelques amis, nous avions prévu une dizaine de jours de congé en Floride.

Ainsi, les détails du contrat furent établis par courriel et par téléphone, depuis le bord de la piscine ou les parcours de golf. Finalement, nous nous sommes mis d'accord sur l'ensemble des termes du contrat et une vaste promotion fut planifiée pour le début du mois de septembre dans l'ensemble des magasins. Chaque bâton de golf usagé serait repris avec une majoration de 30 % de sa valeur. Le but était évidemment de faire connaître le service dans tout le pays.

Autant dire que la rentrée a plutôt été difficile d'un point de vue personnel. Je commençais mon D.E.S.S. à temps plein, au moment où tous les nouveaux magasins intégraient notre service, soutenus par un plan promotionnel important. Alors que nos ventes hebdomadaires se situaient auparavant autour de 250 bâtons, à partir de la deuxième semaine de septembre, nous en avions reçu entre 1 000 et 1 500. Malgré nos infrastructures bien rodées, le choc était difficile à encaisser. Nous devions recruter. Nous avons embauché trois personnes à temps partiel pour combler nos besoins. Mais le plus difficile fut sur le plan financier. Nos cartes de crédit ne pouvaient plus contenir les achats, ce qui impliquait que nous devions payer nos cartes plusieurs fois par semaine. Le délai de paiement n'était donc plus assez long pour générer une trésorerie suffisante. De plus, la quantité de factures reçues compliquait le traitement et la comptabilité. Vers la fin du mois de septembre, nous ne pouvions plus faire face à cet afflux. Il fallait agir. Nous sommes alors repartis à Toronto. Nous avons expliqué au vice-président que la manière de procéder et les délais n'étaient pas adéquats. Les paiements par carte de crédit n'étaient pas la situation idéale. Nous avons donc négocié un nouveau délai de paiement et des versements hebdomadaires par chèque. Pour prouver notre sérieux, nous lui avons remis un chèque de plusieurs dizaines de milliers de dollars pour couvrir l'ensemble des bâtons de golf non payés à ce moment-là. Il fut surpris par notre geste. En 15 minutes, la rencontre fut terminée, et nous sommes repartis pour Montréal.

L'AVENIR

Depuis, tout se passe à merveille. Avant notre entente pour de nouvelles boutiques, nos ventes pour 2010 atteignaient 2 500 bâtons de golf. Avec la promotion mise en place, nous avons vendu 3 500 bâtons entre septembre et décembre. Notre objectif pour 2011 est de vendre autour de 15 000 bâtons. Pour cela, nous avons une équipe permanente de quatre personnes et nous cherchons à agrandir nos locaux. Nous commençons à avoir un chiffre d'affaires intéressant et les perspectives d'avenir sont prometteuses, mais je ne compte pas pour autant abandonner ma formation de comptable agréé. D'ailleurs, je suis actuellement en stage au cabinet comptable *Samson Bélair/Deloitte & Touche* dans le cadre de mon D.E.S.S. et j'ai réussi à négocier une certaine flexibilité quant à l'aménagement de mes horaires pour concilier mon entreprise et le travail en cabinet. Quant à la prospection, nous regardons en dehors de nos frontières pour assurer la croissance de la compagnie. *Golf Town* possède désormais cinq magasins aux États-Unis. Cette année, nous voulons faire notre entrée sur le territoire américain pour nous approvisionner. Au niveau des ventes, nous pensons élargir nos activités en dehors de l'Amérique du Nord. L'Europe et l'Asie sont des marchés très intéressants. Pour ma part, j'ai de nombreux projets en tête. C'est certain que les deux à trois prochaines années seront assez chargées avec mon stage, mais prenons les jours un à la fois !

CHAPITRE 2

ÉRIC MEUNIER

ZOOP MOBILITY NETWORK

ÉRIC MEUNIER

FICHE PERSONNELLE

ENTREPRISE : ZOOP Mobility Network Inc.

SITE WEB : www.zoop.net

DATE D'INCORPORATION : 1er juillet 2001

VOS MENTORS : Pierre Hugron, professeur à HEC Montréal. Hubert Mony, Conseiller KPMG. Shintaro Shingyoji, Président, Hitachi Koki

VOTRE MEILLEUR ATOUT : créativité

CE QUI VOUS MOTIVE : prendre une idée et la transformer en entreprise réussie

VOTRE PLUS GRANDE FIERTÉ : la générosité de mes enfants

LA PREMIÈRE CHOSE À LAQUELLE VOUS PENSEZ QUAND VOUS VOUS LEVEZ LE MATIN : mon épouse

SI VOTRE ENTREPRISE ÉTAIT UN ANIMAL : harfang des neiges

ÉRIC MEUNIER

ZOOP MOBILITY NETWORK

ZOOP
MOBILITY NETWORK INC.

Pendant mes études universitaires, je ne me considérais pas comme un entrepreneur, mais j'avais déjà toutes les caractéristiques pour le devenir. En effet, au cours de mon baccalauréat, j'ai été à la tête d'un regroupement de 125 étudiants qui ont amassé des fonds pour investir entre 150 000 $ et 200 000 $ à la bourse. Avec un rendement de 170 % sur trois ans, le pari fut plutôt réussi ! Mais comme me le fit remarquer Jean-Marie Toulouse, futur directeur de *HEC Montréal*, ce que j'avais réalisé ne faisait pas de moi un entrepreneur à proprement parler, mais démontrait simplement une attitude entrepreneuriale. Sur le coup, je n'ai pas vraiment saisi la nuance, mais mes premiers pas dans le monde de l'entrepreneurship allaient vite m'apprendre qu'un entrepreneur c'est, en effet, bien davantage qu'une personne qui sait composer avec le risque.

LE BAPTÊME ENTREPRENEURIAL

Au début, j'avais trois projets en tête : lancer une entreprise de placements, faire de la gestion d'immeubles et reprendre l'entreprise familiale, qui se spécialisait dans la fabrication de moquettes commerciales et de surfaces sportives comme le gazon synthétique. Même si j'étais peu emballé à la perspective de cette dernière option, je me suis tout de même lancé dans cette voie dès l'obtention de mon diplôme en 1988. L'entreprise venait d'investir 10 millions de dollars pour acquérir une autre entreprise et mon père souhaitait se défaire de l'une de ses filiales qui n'était plus rentable. J'ai donc, à l'âge de 22 ans, proposé à mon père de me nommer à la tête de cette filiale dont le chiffre d'affaires était de deux millions de dollars et il accepta. Rien de moins qu'un redressement d'entreprise comme baptême du feu ! Conscient que je ne pouvais pas affronter seul cette tâche, j'ai demandé à deux anciens camarades de classe de m'accompagner dans cette aventure. Le premier ami quitta l'entreprise au bout de 45 jours et le second resta durant les deux années de la tentative de redressement. Ce fut un échec total.

LE DÉBUT

Malgré cet échec, je suis demeuré au sein de l'entreprise familiale, mais cette expérience m'a plongé dans une profonde crise existentielle. Je ne savais plus ce que je souhaitais faire de ma vie, ni quel sens lui donner. À l'été 1990, j'ai fait un voyage d'affaires au Zaïre (maintenant la République démocratique du Congo). Je veillais à la construction des terrains de tennis pour l'ambassadeur des États-Unis dans l'un des pays les plus pauvres du monde. Notre équipe était protégée par des gardes du corps. Ce fut tout un choc pour moi : je construisais des terrains de tennis luxueux avec des employés qui ne gagnaient qu'un dollar par jour et qui ne mangeaient qu'un seul repas par jour. Cela ne correspondait pas du tout à mes valeurs. J'ai démissionné peu de temps après cette mission lors d'une réunion houleuse du conseil d'administration. Cette fois, j'étais décidé à fonder ma propre entreprise, une entreprise qui correspondrait à mes aspirations et à mes valeurs.

Attiré par les voyages et par les rencontres interculturelles, j'ai alors décidé de m'intéresser aux maisons de commerce qui étaient très à la mode à l'époque. J'ai d'abord intégré des missions commerciales et je suis parti à Taiwan, en Corée du Sud et à Hong Kong. J'aimais bien ces missions, mais j'hésitais toujours à lancer mon entreprise. C'est lors de mon voyage à Taiwan que j'ai fait une rencontre décisive, celle d'Yves qui, tout comme moi, avait œuvré au sein d'une entreprise familiale et était à la recherche de nouveaux défis. Ayant travaillé pour un groupe de fournitures industrielles, Yves connaissait bien la fabrication des clous, des vis et des scies. C'est ainsi que *Nemo* vit le jour. Spécialisée dans l'importation de clous, vis et ancrages fabriqués en Corée du Sud et à Taiwan, *Némo* avait pour moi une signification toute particulière. En effet, lors de mes études de baccalauréat, je ne cessais de répéter à mes amis que notre plus grand échec serait de devenir des vendeurs de clous. Maintenant, c'était chose faite, je devenais un vendeur de clous !

J'ÉTAIS DÉCIDÉ À FONDER MA PROPRE ENTREPRISE, UNE ENTREPRISE QUI CORRESPONDRAIT À MES ASPIRATIONS ET À MES VALEURS. »

Nemo était rentable et nous permettait de vivre. Cependant, nous recherchions des moteurs de croissance afin d'atteindre une taille intéressante. Nous avons alors repéré une entreprise à vendre et nous l'avons achetée. C'est alors que les conflits entre Yves et moi commencèrent. Du coup, tout le plaisir des débuts de l'entreprise s'est dissipé et, d'un commun accord, j'ai quitté la tête de l'entreprise pour me cantonner dans le rôle d'un actionnaire silencieux.

LE VOYAGE

En 1992, j'étais sans emploi et le « Vieux Continent » était alors en pleine évolution à cause de la fin de la guerre froide et du traité de Maastricht. Il ne m'en fallait pas plus pour me décider à partir en France. J'avais déjà une expérience de travail en France grâce à un stage chez *KPMG* lors d'un échange universitaire réalisé en 1987. J'ai donc décidé de reprendre contact avec mon ancien patron. Ce dernier m'annonça qu'il n'avait malheureusement pas de poste de disponible, ni de budget pour en créer un. Je lui ai alors proposé de créer mon propre poste, comme interne non rémunéré, durant une période de trois mois. Il ne me paierait que si les résultats étaient satisfaisants. Il accepta. Du coup, me voilà devenu conseiller en développement international ! J'ai mis mon énergie au service d'entreprises françaises qui souhaitaient s'implanter en Amérique du Nord, et vice-versa. Les trois mois d'essai furent un succès et je devins un employé de l'entreprise. Durant trois ans, je voyageais avec les dirigeants de l'entreprise et, peu à peu, je gravissais les échelons. On me proposa même de devenir un associé, mais ce n'était pas une option qui m'intéressait. J'avais une maison et une voiture de chaque côté de l'océan et ma conjointe était à Montréal. Lorsque vers la fin de 1995, un client me proposa de prendre la tête d'une filiale qu'il venait d'acquérir à Montréal, j'acceptai sur le champ !

LE RETOUR À MONTRÉAL

Signalisation Montréal employait 125 personnes dans le domaine de la signalisation du transport et elle correspondait parfaitement à mes aspirations de développement de la mobilité et du transport durable. Mon rôle consistait à redresser cette entreprise qui faisait face à de nombreux problèmes, tant au niveau des opérations que de son fonds de roulement. Ma première expérience dans l'entreprise familiale allait grandement me servir ! Pour m'épauler, je fis appel à Yves, mon ancien associé qui était toujours à la tête de *Nemo*. Cette fois-ci, nous nous divisâmes les tâches et ce fut un franc succès dont je suis plutôt fier. En neuf mois, nous avions réussi à redresser l'entreprise de manière spectaculaire. Elle fut alors revendue en plusieurs parties. Yves décida de rester en affaires avec les nouveaux propriétaires et lança une autre entreprise dans un domaine similaire. Pour ma part, j'ai plutôt choisi de reprendre les rênes de *Nemo*. La perspective de diriger à nouveau l'entreprise de distribution d'outils ne m'enchantait guère, car je sentais que la dynamique du secteur industriel dans lequel œuvrait l'entreprise était en train de changer. Selon moi, les distributeurs allaient bientôt être court-circuités par les fournisseurs qui iraient vendre directement leurs produits aux détaillants. J'ai alors décidé de me rendre à Atlanta, chez mon plus gros fournisseur (*Hitachi*), pour lui expliquer mon point de vue et pour formuler une solution réaliste.

Les dirigeants d'*Hitachi* confirmèrent mon intuition. Ils projetaient, en effet, s'installer au Canada afin de rejoindre directement les détaillants. Heureusement, ils avaient déjà entendu parler de moi, car l'entreprise que nous avions rachetée en 1992 pour soutenir la croissance de *Nemo* avait des créances importantes auprès *d'Hitachi*. Nous avions alors sauvé leurs créances. Ils me proposèrent de devenir le directeur général d'*Hitachi Canada*.

L'ENTREPRENEUR-GESTIONNAIRE

Je ne pouvais pas refuser cette offre incroyable. C'était un nouveau bouleversement dans ma vie. *Hitachi* m'aida à vendre *Nemo*, puis je partis m'installer à Toronto. J'ai convaincu ma conjointe de venir avec moi. J'étais le seul Canadien du groupe ! Tous étaient Japonais. Je dois avouer que j'ai réellement eu des patrons extraordinaires. J'ai appris la gestion à la japonaise. Cet apprentissage de la gestion des processus, de la qualité totale et de la rigueur financière est venu combler certaines de mes lacunes en gestion. J'ai passé deux années formidables chez *Hitachi*. Cependant, après deux ans, on m'annonça qu'un dirigeant japonais allait me superviser. La filiale que je dirigeais réalisait plus d'un million de dollars mensuellement en chiffre d'affaires et un règlement interne stipulait qu'un Japonais devait dans ce cas encadrer la filiale. Perdant une partie de ma liberté d'action, c'est tout le plaisir de mon emploi qui s'est alors évanoui. De plus, ma conjointe allait bientôt accoucher et je ne voulais pas rater la naissance de ma fille. J'ai démissionné de mon poste, faisant ainsi une croix sur les 15 000 $ de bonus que j'aurais touchés si j'étais resté deux mois de plus.

LA FAMILLE

Je n'avais aucun plan B. Pendant deux mois, je construisis un berceau pour ma fille. D'anciens clients du secteur de l'ébénisterie passèrent même me voir pour me donner des conseils pour sa fabrication ! À la suite de la naissance de ma fille, nous sommes partis pour la campagne au nord de Toronto pendant trois mois. Après des horaires de travail de près de cent heures par semaine, je pouvais enfin pleinement profiter de ma famille. J'étudiai la possibilité d'acheter une entreprise en Colombie-Britannique, mais de nouvelles circonstances m'incitèrent à revenir à Montréal en 2000. J'étais de nouveau prêt à me lancer en affaires et à relever de nouveaux défis.

ZOOP MOBILITY NETWORK

Mes idéaux de mobilité durable me revinrent en tête. Je me mis alors à travailler sur un nouveau projet. Pendant un an, je fis des demandes de brevets et je rencontrai des entreprises dans le secteur de l'automobile. La table était mise pour la création de *ZOOP Mobility Network* en juillet 2001. Mon objectif était alors de créer des systèmes pour automatiser le processus de location d'une automobile de type *Communauto*. Même si *ZOOP Mobility Network* atteignit un chiffre d'affaires de 250 000$ assez rapidement, les constructeurs et les entreprises de location d'automobiles étaient des concurrents trop gros pour que nous puissions continuer de croître. Grâce à mes relations avec *Midas*, mon client principal, la mission de l'entreprise évolua. Lorsqu'un client fait réparer sa voiture chez *Midas*, l'entreprise lui en prête une de remplacement. Il reste alors à mesurer la satisfaction des clients quant à ce service. On me demanda de créer une interface et de réaliser des sondages de satisfaction de la clientèle. J'ai alors mis en place des interfaces conviviales et précises et j'ajoutai également des enregistrements audio. Tout cela permettait alors de détecter les besoins non comblés des consommateurs. Ce fut tout un succès !

L'objectif de *ZOOP Mobility Network* changea alors et s'orienta vers la création et l'entretien d'une technologie pour évaluer et améliorer la satisfaction de la clientèle. Dans cette optique, nous nous sommes rendus chez nos clients afin qu'ils nous expliquent leurs problèmes. À partir de là, nous décortiquions le processus de création, de dissémination et de traitement de l'information. Puis nous réinventions ce processus en allant sur le terrain afin de bien nous imprégner des valeurs de l'entreprise. Cette approche personnalisée nous a permis de nous démarquer des concurrents les plus connus comme *IBM*, *SAP* ou *Oracle*. De plus, la mise en place de nos systèmes a permis à nos clients de saisir plus rapidement l'insatisfaction de leurs clients et de la traiter de façon efficace. *ZOOP Mobility Network* s'est fixée trois objectifs clés : rapprocher l'information de la ligne de front, enrichir l'information en y ajoutant des données sur le client et mesurer la satisfaction de la clientèle. Par exemple, lorsqu'un consommateur appelle le service à la clientèle de l'un de nos clients (notre système peut recevoir environ 200 à 300 appels par heure), nous enregistrons et analysons rapidement l'appel. Le lendemain, nous transmettons l'information à nos clients sur des tableaux de bord. Nous mettons aussi en place des interfaces sur le *Web*, nous utilisons des clients mystères, et nous appelons parfois directement les consommateurs de nos clients.

LE MODÈLE D'AFFAIRES

ZOOP Mobility Network ne fait pas de commercialisation active; nous ne répondons pas à des appels d'offres. Nous fonctionnons exclusivement par référence et j'applique les apprentissages de mon parcours à la lettre : je choisis mes clients de manière très stricte. Nous sommes préoccupés par la satisfaction du client si bien qu'à deux occasions, jugeant que le produit n'était pas à la hauteur, nous avons demandé à ne pas être payés.

En général, lorsque nous avons une référence crédible, nous rencontrons le client et nous tentons de voir si nous pouvons établir entre une relation de confiance. Ici, il faut dire que puisque nous avons accès à énormément d'informations sur la stratégie et le fonctionnement de ceux-ci, il s'avère nécessaire d'avoir un solide lien de confiance avec nos clients avant de véritablement s'engager dans une relation d'affaires. Pour convaincre notre partenaire et établir cette relation de confiance, nous réalisons un projet pilote à nos frais. Pour nos clients, le coût minimal de développement s'élève à environ 60 000 $, payable mensuellement et ce coût s'accentue au fur et à mesure que nous déployons une prestation de services plus importante.

Notre modèle d'affaires nous a permis d'avoir accès à d'importants clients. Ainsi, après avoir fait affaire avec *Audi* en Belgique, nous avons eu accès à sa maison-mère, *Volkswagen Belgique* et nous sommes présentement en train de négocier une expansion dans d'autres pays avec le groupe *Volkswagen*.

> *NOTRE MODÈLE D'AFFAIRES NOUS A PERMIS D'AVOIR ACCÈS À D'IMPORTANTS CLIENTS.* «

Bien sûr, notre modèle d'affaires n'a pas vu le jour instantanément. Au départ, je travaillais seul de chez moi. Puis, j'ai eu deux employés. Enfin, quatre autres se sont ajoutés à l'équipe. Du coup, le propriétaire de mon appartement nous expulsa ! Nous avons alors continué à travailler du domicile de l'un des employés, le temps de trouver un local convenable. Aujourd'hui, *ZOOP Mobility Network* emploie 17 employés et je prévois encore d'autres embauches. Dès le départ, la croissance se situa entre 30 % et 40 % annuellement et j'anticipe que cela continuera à ce rythme quelques années. D'ailleurs, seulement avec les clients actuels, nous pourrions croître pendant 10 ans. La croissance provient ainsi à la fois d'une augmentation du volume d'affaires des partenariats déjà établis, mais aussi de l'augmentation du nombre de clients. Actuellement, avec six clients de calibre international, nous avons beaucoup de travail. Notre objectif est d'en servir 25 à l'échelle mondiale d'ici cinq ans.

LES PROJETS

Pour soutenir cette croissance, l'embauche d'une main-d'œuvre qualifiée est essentielle. Cependant, avec la pénurie qui s'annonce au Québec, je viens d'ouvrir un bureau aux Philippines. La main-d'œuvre y est intéressante dans le domaine de l'informatique et l'anglais est l'une des langues officielles du pays. Nous allons faire de cet endroit un centre de formation exceptionnel. Notre bureau se trouve dans un nouvel immeuble situé à 20 mètres de la plage, avec une piscine que les employés pourront utiliser. Imaginez-vous, avoir une formation dans un endroit paradisiaque, à côté d'une plage de sable blanc, où vous pouvez aller faire de la plongée sous-marine ou de la voile une fois la journée terminée ! Lors de ma dernière visite, nous avons travaillé très dur pendant deux semaines pour recruter un employé. Lorsque le candidat a accepté, nous sommes allés fêter à 20 mètres sous l'eau, au milieu du corail et d'un immense banc de poissons !

Quant à moi, je souhaite me retirer un peu. J'aimerais délaisser la gestion quotidienne et devenir responsable de l'innovation. De plus, j'ai promis à mon épouse de commencer ma retraite progressive à compter de janvier 2011. Cela signifie que je vais passer de 70 heures à 50 heures de travail par semaine. Puis, mon objectif est de travailler une heure de moins chaque année. J'ai trois enfants actuellement, et même si je travaille beaucoup, le bureau est annexé à la maison ce qui me permet de prendre mes repas en famille trois fois par jour. J'accorde énormément d'importance à ces moments. Et je souhaite pouvoir en profiter encore davantage durant les années à venir. Il y a toujours un prix personnel à payer dans la vie d'un entrepreneur, mais pour ma part, la facture est déjà largement réglée !

CHAPITRE 3

FELIPE GALLON

SOLO FRUIT

FELIPE GALLON

FICHE PERSONNELLE

ENTREPRISE : Solo Fruit Inc.

SITES WEB : www.solofruit.com

DATES D'INCORPORATION : 2009

VOS MENTORS : famille d'entrepreneurs et entrepreneurs seniors qui, pour moi, ont connu le succès

VOTRE MEILLEUR ATOUT : la persévérance

CE QUI VOUS MOTIVE : croire en quelque chose et le faire devenir une réalité

VOTRE PLUS GRANDE FIERTÉ : ma fille, ma femme et voir Solo Fruit exister après dix ans

LA PREMIÈRE CHOSE À LAQUELLE VOUS PENSEZ QUAND VOUS VOUS LEVEZ : chaque jour est une aventure différente; faisons en sorte que cette journée soit la meilleure possible. Carpe Diem !

SI VOTRE ENTREPRISE ÉTAIT UN ANIMAL : un tigre

FELIPE GALLON

SOLO FRUIT

Les sorbets *Solo Fruit*, qui sont aujourd'hui distribués dans de nombreuses épiceries et chaînes alimentaires, ainsi que dans plusieurs restaurants, ont failli échouer. Chaque aventure entrepreneuriale comprend des hauts et des bas, des périodes d'expansion et des moments de difficultés et de remise en question. Je n'ai pas échappé à la règle comme vous le découvrirez tout au long de mon récit ! Je suis par contre convaincu que face à l'adversité, l'entrepreneur doit faire preuve d'une importante détermination et de débrouillardise pour relever les défis qui se présentent à lui.

LES PREMIERS PAS ENTREPRENEURIAUX

Comme de nombreux promoteurs, j'ai toujours eu la fibre entrepreneuriale. J'ai passé mon enfance à Bogota, la capitale de la Colombie, dans une famille relativement aisée. Loin d'avoir été dans le besoin, j'aime pourtant, depuis mon plus jeune âge, faire mes propres ventes, proposer mes propres produits. À trois ans, j'ai même vendu mes premières glaces à l'eau !

Un jour, alors que je sortais dans la rue pour jouer avec mes voisins, une glace à l'eau maison à la main, on m'a demandé où je me l'étais procurée. Avec aplomb, j'ai pointé vers ma maison en leur précisant qu'il n'y en avait plus pour l'instant et qu'il fallait revenir dans quelques heures. C'est ainsi que pendant un an et demi, avec ma nounou responsable de la production et moi-même responsable de la « promotion » et de la « commercialisation », j'ai vendu des glaces à l'eau aux enfants du quartier. Je me suis d'ailleurs acheté mon premier vélo avec les revenus générés !

À 10 ans, j'ai donné des cours de patins à roulettes; à 14 ans, j'étais *disc-jockey* lors de soirées organisées par des amis du lycée français. Une fois à l'université, j'ai créé une entreprise de distribution alimentaire; j'achetais directement auprès des producteurs des oeufs, des poulets, quelques desserts et sucreries. Je revendais ensuite ces produits achetés en gros à la centaine d'habitants de mon quartier. J'ai ensuite démarré une entreprise de tourisme; je travaillais avec deux ou trois hôtels et faisais découvrir la région, en partageant la culture colombienne. Les touristes raffolaient des fruits exotiques que l'on dégustait dans les bars à jus ou les baraques à fruits. Ils se demandaient pourquoi ces fruits n'étaient pas en vente ailleurs dans le monde. Je me suis donc intéressé à la question et j'ai réalisé une étude de marché dans le cadre d'un projet universitaire. Après tout, j'ai pu constater qu'exporter un fruit totalement inconnu dans une autre partie du monde était très dispendieux. Il est essentiel que le consommateur connaisse le produit, son goût et ses propriétés avant d'envisager de l'acheter. Rappelez-vous combien de temps a été nécessaire avant qu'on puisse trouver des mangues dans toutes les épiceries. Aussi, la meilleure façon de faire découvrir un nouveau fruit est de s'expatrier à l'étranger et d'importer l'aliment en question.

À la fin de mes études universitaires en commerce international et en marketing, je me suis envolé pour la France afin d'effectuer un stage en finance puis un autre en marketing pendant un an. C'est à cette époque que j'ai commencé ma prospection d'un environnement favorable au démarrage d'entreprise. En plus de chercher une université, je voulais identifier un pays qui subventionnait et encourageait les jeunes créateurs. C'est ainsi que je suis venu au Canada.

CE QUI RELÈVE DU SENS COMMUN POUR UN NATIF DU PAYS EST BIEN SOUVENT LOIN D'ÊTRE ÉVIDENT POUR UN NOUVEL ARRIVANT. »

Bien que déjà détenteur d'un diplôme de premier cycle, je me suis inscrit à HEC Montréal dans l'éventualité de faire une formation universitaire entrepreneuriale. Je souhaitais, par le biais de l'école, comprendre et m'imprégner des cultures québécoise et canadienne avant d'envisager de lancer mon entreprise. Ce qui relève du sens commun pour un natif du pays est souvent bien loin d'être évident pour un nouvel arrivant. C'est d'ailleurs ce que j'ai dû expliquer pour justifier mon travail très élaboré lors de l'analyse sectorielle : mon dossier était trois fois plus épais que ceux de mes condisciples puisque je n'avais absolument aucune connaissance du secteur et de ses rouages en commençant ! Peu d'entrepreneurs mesurent pleinement l'importance de bâtir un plan d'affaires. Cependant, c'est un facteur clé pour optimiser ses chances de réussir en affaires. Il m'a permis de remporter le Concours québécois en entrepreneuriat pour la simple et bonne raison que ma recherche était plus sophistiquée et peaufinée que celles de bien d'autres entrepreneurs tout aussi méritants.

CARIBBEAN JUICE INC.

LES JUS DE FRUITS EXOTIQUES CARIBBEAN JUICE

Fort de ces premières études de marché et des nombreux échantillonnages réalisés au sein de la cohorte et de l'école, j'ai décidé de valider mon intuition lors des *Fêtes gourmandes de Montréal* (aujourd'hui nommées *Le mondial gourmand*) en août 2000. Au milieu d'une centaine de kiosques qui proposaient des spécialités différentes, il était possible de déguster mes jus, mousses et sorbets, tous faits à base de fruits et offrant de nouvelles saveurs. Le succès des jus de fruits me poussa à en faire la distribution. À la fin de l'an 2000, trois types de jus étaient disponibles sous l'étiquette *Caribbean Juice* : celui à la mangue et au corossol[1], celui à base de corossol et celui à base de lulo[2].

Malheureusement, après quelques mois, j'ai commencé à recevoir des appels de clients qui avaient été malades après avoir consommé nos jus. De nouveaux tests en laboratoire ont été réalisés et confirmèrent que les jus de fruits ne contenaient aucune bactérie. Le problème était davantage causé par une trop forte concentration de fruits exotiques auxquels l'estomac nord-américain est peu habitué. Une personne sur dix éprouvait des nausées ou des maux de ventre après en avoir consommé. Or, ce ratio était bien trop élevé pour l'industrie alimentaire et nous avons été contraints de retirer les jus *Caribbean Juice* du marché.

Nous nous sommes donc retrouvés, mon employé bénévole et moi-même, avec un nombre impressionnant de jus entreposés dans les spacieux locaux loués. Nous décidâmes de recycler nos produits en sorbets aux fruits. Après avoir acheté une sorbetière et des congélateurs à tambour, nous avons développé nos recettes en rajoutant quelques ingrédients plus classiques pour réajuster les goûts et éviter de nouvelles mésaventures. Nous avons choisi cette fois-ci de vendre nos produits à des restaurateurs, qui servirent en quelque sorte d'intermédiaires entre *Caribbean Juice* et le consommateur.

LES SORBETS CARIBBEAN JUICE

Caribbean Juice Inc. a donc assuré la production, la promotion, la distribution et la vente des sorbets dès 2001. Devant la qualité du produit, entérinée par la cinquantaine de clients restaurateurs, et devant la recommandation de ces derniers, nous avons timidement commencé la vente de nos produits dans certaines épiceries indépendantes. Il y avait des dégustations les fins de semaine. Là encore, nous recevions des compliments pour la qualité de nos sorbets, mais les clients nous invitaient à changer notre emballage. Refroidis

---

1. Outre ses propriétés médicinales, sa chaire de couleur blanc crème a un goût très doux ressemblant à la poire et l'ananas.
2. Extrêmement populaire en Colombie, le lulo est proche du fruit de la passion de par sa composition, et du kiwi de par son goût.

par notre première entrée sur le marché alimentaire, nous avions opté pour un investissement minimal pour la promotion : nos sorbets étaient présentés dans des contenants à olives en verre et les étiquettes étaient imprimées au fur et à mesure. Disons que l'emballage était loin d'être à la hauteur du produit! Cependant, outre le Bilboquet (dont les produits n'étaient pas disponibles dans les épiceries), personne ne proposait du sorbet, et encore moins du sorbet haut de gamme. Il existait donc une réelle opportunité d'affaires pour les produits glacés.

Entre 2002 et 2004, la demande pour nos sorbets a connu une croissance exponentielle : après les épiceries naturelles et biologiques, nos produits étaient vendus dans les épiceries *Métro* et *IGA* indépendants, soit ceux ayant la possibilité de s'approvisionner en produits autres que ceux proposés par leur société mère. À cette époque, comme les rentrées d'argent étaient plus importantes, j'ai offert des actions à mon collègue et ami qui travaille depuis le début pour *Caribbean Juice Inc.* Nous avons embauché du personnel et avons également acheté deux nouvelles machines pour augmenter notre capacité de production. Enfin, nous avons contacté un distributeur afin de nous consacrer pleinement au développement de marché. Notre objectif à ce stade était d'introduire nos produits sur les tablettes de l'ensemble des chaînes alimentaires de Montréal. Nous devions donc être intégrés dans la liste de produits des sociétés mères.

Comme c'est souvent le cas en entrepreneuriat, le levier de notre croissance ne s'est pas présenté là où nous l'espérions : le géant *Costco* souhaitait faire rentrer nos sorbets dans l'ensemble de ses magasins montréalais! Bien que séduite par nos produits, la direction désirait visiter notre entrepôt afin de s'assurer que nous respections les normes sanitaires en vigueur. Devant leur scepticisme face à notre capacité de production, nous avons conclu une entente qui stipulait que seuls les produits vendus aux détaillants nous seraient payés. Nous avons alors commencé à travailler sept jours sur sept, 24 heures sur 24, les trois sorbetières tournant à plein régime. Sans surprise, *Costco* représentait alors 70 % de nos ventes, ce qui, bien que générant des liquidités, restait une source importante de risques potentiels. Tout en cherchant à nous diversifier, nous avons changé le nom de notre marque de commerce; les sorbets *Caribbean Juice* sont devenus les sorbets *Solo Fruit* (toujours fabriqués par *Caribbean Juice Inc.*), qui, selon nous, était un nom plus à propos.

LES SORBETS SOLO FRUIT

À la fin de 2004, *Métro* nous a invités à fabriquer leur marque maison de sorbets. À l'instar de son concurrent, le distributeur alimentaire insista pour visiter nos installations. Or, à ce stade, nous cherchions à déménager dans des locaux plus spacieux. Grâce au contrat que nous avions avec *Métro* et *Costco*, nous avons été en mesure d'aller rencontrer les banques et de trouver deux investisseurs silencieux, notamment pour faire construire une véritable usine de production. Nous étions à peine installés que la direction de *Métro* est venue examiner les lieux et se révéla tout aussi sceptique que *Costco* sur notre capacité de production. Nous sommes cependant arrivés à les persuader de nous faire confiance et six ans plus tard, nous produisons toujours leur marque maison de sorbets.

Étonnamment, nous proposions deux marques concurrentes, avec des recettes relativement comparables : la marque maison de *Métro* et la marque *Solo Fruit*. Il est bien évident qu'il vaut mieux produire pour son propre concurrent puisque c'est, à tout le moins, une valeur ajoutée pour soi-même. Il n'en demeure pas moins qu'il est préférable de se distinguer. *Caribbean Juice Inc.* s'est donc lancée, dès 2005, dans la production de sorbets sans sucre ajouté, biologique et équitable. La création d'une gamme de sorbets sucrés uniquement avec des fruits et des jus de fruits représentait un véritable défi technologique : nous devions réinventer de nouvelles recettes. Nous avons parallèlement mis en place une structure qui permettait l'achat d'une majorité de fruits auprès des paysans colombiens de manière à leur garantir leurs récoltes. Les fruits sont transformés en purée (la peau et le noyau sont enlevés, le fruit est ensuite broyé) par un manufacturier avec lequel *Caribbean Juice Inc.* fait affaires. Ce processus, en plus de s'intégrer dans une logique de commerce équitable, vise à privilégier la qualité. En effet, la purée de fruits est qualitativement supérieure à du concentré de fruits, utilisé largement par les fabricants de produits à base de fruits. Pour optimiser les coûts de transport, les manufacturiers extraient l'eau contenue dans chaque fruit; les distributeurs rajoutent ensuite de l'eau pour reconstituer le produit.

À la suite de nos premiers essais dans le monde du « sans sucre ajouté », nous nous sommes spécialisés dans les sorbets pour personnes ayant des intolérances alimentaires, en proposant des sorbets sans gluten, sans lactose et sans arachide. À partir de 2007, nous avons intégré la liste des grandes épiceries, ce qui nous a permis d'offrir nos produits dans l'ensemble de leurs réseaux. Pendant cette période, nous avons également commencé à développer des produits connexes et des saveurs innovantes (surtout pour des clients restaurateurs) telles que : menthe-poivre rose, citron-basilic, gaspacho ou encore asperge. Finalement, nous avons réalisé une transformation de notre emballage : nous avons abandonné nos pots à olives et avons opté pour un graphisme plus recherché, plus élégant, étant davantage à l'image des sorbets haut de gamme que nous produisons.

Malgré la croissance de l'entreprise et la hausse de la valeur de ses actions sur le marché, 2005 et 2006 ont été des années difficiles pour *Caribbean Juice Inc.* Le coût opérationnel était très élevé comparativement aux ventes. Pour honorer l'ensemble de nos contrats, nous avons embauché plusieurs personnes en peu de temps (notamment pour des postes de soutien en comptabilité et en vente) puisqu'en l'espace de quelques mois, l'équipe était composée d'une quarantaine de personnes. Par ailleurs, nos machines, conçues pour du semi-industriel fonctionnaient à plein régime, ce qui engendrait de nombreux bris. Ainsi, nous avons dû réinjecter des liquidités avant de trouver l'équilibre quelques mois plus tard.

Outre ces difficultés internes, nous avons dû faire face à la concurrence. Devant la manne que représentent le «sans sucre» et les intolérances alimentaires, plusieurs entreprises se sont lancées dans ce marché porteur, avec plus ou moins de succès. Notre plus important compétiteur sur le marché québécois reste à ce jour l'entreprise *Mère Poule* à qui nous avions proposé un partenariat. *Mère Poule* offre des produits alimentaires destinés aux bébés et nous souhaitions produire un mini-sorbet distribué sous leur marque de commerce. Bien que l'idée de base convenait aux deux parties, l'entreprise souhaitait acquérir des actions de *Caribbean Juice Inc.* Nous n'étions pas alors à la recherche d'actionnaires supplémentaires et nous préférions apprendre à connaître notre partenaire potentiel avant d'aller plus loin. *Mère Poule* nous a donc, dans un deuxième temps, proposé de nous racheter, offre que nous avons déclinée. Finalement, notre partenaire potentiel est devenu notre concurrent puisque sept gammes de sorbets *Mère Poule* biologiques avec sucre ont été proposées en épicerie dès 2006. Qui plus est, la compagnie dispose, encore à ce jour, de leviers financiers plus importants que ceux détenus par *Caribbean Juice Inc.* Ces leviers leur ont par exemple permis de pénétrer le marché grâce à d'abondantes campagnes de promotion, voire de racheter nos espaces tablettes dans certaines épiceries.

SOLO FRUIT INC.

LA DEUXIÈME NAISSANCE

Après avoir connu des difficultés de liquidités et de concurrence entre 2005 et 2006, *Caribbean Juice Inc.* a repris ses activités de plus belle en 2007. Ce regain n'aura été que de courte durée puisque nous avons fait faillite en automne 2008. En effet, notre capacité de production ne nous permettait pas de répondre à la demande trop importante : nous fabriquions sept jours sur sept, 24 heures sur 24 afin de respecter nos contrats avec les distributeurs alimentaires *Costco* et *Métro* ainsi que les rôtisseries *St-Hubert.* Nous disposions d'une main-d'œuvre trop importante, mais essentielle pour faire tourner les machines qui, étant surutilisées, se brisaient régulièrement. Ajoutons à cela la saisonnalité de notre activité et la multiplication par six du prix de la framboise (principal composant de notre sorbet vedette), ce qui nous a aussitôt plongés dans un gouffre financier. En janvier 2009, *Caribbean Juice Inc.* mettait donc la clef sous la porte, alors même que le produit continuait à se vendre par l'entremise de nos distributeurs.

Avec la volonté de reconstruire l'entreprise, nous nous sommes mis à la recherche de nouveaux associés tout en tentant de gérer les tensions inhérentes à une faillite : plusieurs employés sont partis et de nombreux actionnaires et fournisseurs furent mécontents d'avoir perdu leurs investissements. *Caribbean Juice Inc.* a même failli être rachetée par la concurrence. Cependant, avec le soutien de partenaires expérimentés dans le domaine alimentaire, j'ai été en mesure de récupérer l'entreprise. *Caribbean Juice Inc.* a donc laissé place à *Solo Fruit Inc.* Nous avons ensuite entrepris une large restructuration : la comptabilité, le service de livraison et la division des appels téléphoniques de collecte de fonds et des factures ont été traitées à l'externe. Nous avons également réduit notre main-d'oeuvre à quinze employés à la production et à la vente, et je me suis entouré de collaborateurs davantage complémentaires à mes compétences et atouts. Le repositionnement de notre produit a été nécessaire : avec une perte de 40 % de notre clientèle en 2009, nous avons dû informer la clientèle que nous produisions toujours les sorbets *Solo Fruit*, sous une nouvelle bannière, *Solo Fruit Inc.* En octobre 2010, nous avons récupéré 90 % des parts de marché détenues avant la faillite. Nous sommes par contre toujours aux prises avec les mêmes problèmes liés à l'équipement semi-industriel que nous n'avons pas encore pu changer : nous avons atteint, de nouveau, notre capacité maximale et nous sommes donc à la recherche d'investissements afin d'optimiser notre méthode de production. Cela dit je suis sûr que nous allons y arriver ! Nous recevons d'ailleurs des témoignages positifs de l'industrie : en avril 2010, nous avons remporté le prix *Tendance et Innovation* du Salon international de l'alimentation (SIAL) parmi 50 autres entreprises. Nous allons désormais refaire tout notre emballage, en incluant les logos écologiques et équitables. Les nouvelles machines devront donc être adaptées à cet emballage.

> « *IL EST IMPORTANT DE DISPOSER D'UNE BASE SOLIDE AVANT TOUTE NOUVELLE TENTATIVE DE CROISSANCE.*

LES PERSPECTIVES D'AVENIR

Depuis 2005, nous prospectons les marchés des autres provinces canadiennes comme l'Ontario, la Colombie-Britannique et l'Alberta. Nous entrons désormais sur le marché états-unien, par le biais de magasins naturels avant tout. À New York, nous commencerons à distribuer nos sorbets dès que notre nouvel emballage sera prêt. J'espère que dans environ cinq ans, nous aurons acquis une certaine notoriété dans les chaînes alimentaires naturelles des États-Unis. Au Canada, notre objectif est que nos sorbets soient présents dans toutes les épiceries d'ici la fin de 2012. À plus long terme, nous pourrions être tentés de percer les marchés européens et latino-américains. Il est important de disposer d'une base solide avant toute nouvelle tentative de croissance.

Avec tous ces développements, nous envisageons, d'ici l'an prochain, d'ouvrir une autre usine ou déménager dans une structure plus importante afin d'accroître notre capacité de production. Nous venons par ailleurs de racheter une entreprise de sandwichs-desserts glacés et nous allons intégrer leurs produits à notre gamme. Aussi, nous devrions nous lancer, d'ici l'été 2011, sur le marché de la crème glacée en proposant de nouveaux concepts, de nouvelles recettes innovatrices. Le sorbet reste effectivement un marché privilégié. Mais *Solo Fruit Inc.* ne peut espérer devenir un joueur majeur de l'industrie alimentaire seulement en vendant ce produit. Nous pourrions même, pourquoi pas, retenter l'expérience des jus de fruits. Qui vivra verra !

DES APPRENTISSAGES À PARTAGER

Après plusieurs années à la tête d'une entreprise, les anecdotes sont légions, les bons coups et les difficultés tout autant. Je suis convaincu qu'en entrepreneuriat, c'est la persévérance qui vous fait aller de l'avant. Même face à l'adversité, je crois qu'il est primordial de ne pas baisser les bras, de croire encore et toujours à ses idées. Lorsque l'on fait faillite, que l'on n'a plus rien, il est facile de tout abandonner. Pour ma part, je croyais au potentiel de mon produit; j'avais réussi à créer une marque, un nom et j'avais acquis une certaine reconnaissance au sein de mon milieu. J'étais fier du chemin accompli et je ne pouvais envisager de tourner le dos à une idée si prometteuse. Je crois que l'on peut et que l'on doit apprendre de ses erreurs, car une entreprise se résume à un processus d'amélioration continue. Un créateur doit donc faire preuve de ténacité, quitte à être taxé d'obsédé ou d'acharné ! Dans mon cas, la persévérance s'est révélée un bon allié.

Il est également important d'être entouré de collaborateurs et d'associés qui vous complètent. Tout individu a tendance à rechercher son semblable puisque l'on pense, à tort, que la relation de travail sera plus efficace. Or, lorsque nous sommes en présence de personnes qui nous ressemblent trop, nous endossons le même genre de rôles et nous nous spécialisons dans les mêmes types d'activités. Pourtant, à chaque personnalité, ses forces et ses faiblesses. Il est nécessaire de disposer de suffisamment de recul pour nous permettre de reconnaître nos atouts et nos faiblesses, afin de nous spécialiser et nous entourer des personnes qualifiées. Bien souvent, l'entrepreneur est trop fier ou trop pressé pour déléguer ou sous-traiter certaines de ses activités; il a la fâcheuse tendance à croire qu'il est capable de tout mener. Au bout d'un certain temps, avec la croissance de l'entreprise, le dirigeant n'a pas d'autre choix que de se mettre à la recherche de nouvelles compétences. Mais si elle est mal préparée, la transition peut être assez chaotique. Autrement dit, plus l'entrepreneur délègue et s'entoure lorsque l'entreprise est en amont, plus ce sera profitable pour l'entreprise.

Finalement, un entrepreneur à succès est celui qui a su trouver un équilibre entre sa vie professionnelle et personnelle. Bien souvent, on omet de parler de la famille, des amis et des conjoints du créateur d'entreprise. Or, se lancer en affaires suppose que votre vie familiale et personnelle seront perturbées. On ne peut devenir entrepreneur sans un entourage compréhensif et réconfortant. C'est une réalité à laquelle nous ne sommes pas préparés, et certains perdront soit leur entreprise, soit leur vie de couple ou leur famille. J'ai la chance d'être épaulé par une conjointe bienveillante, et ce, malgré les pépins de la vie. Je lui en suis reconnaissant, car ce n'est pas toujours évident de partager son quotidien avec un passionné des affaires !

Métaphoriquement parlant, on peut comparer une entreprise à une voiture en panne. Au départ, il est important de la pousser extrêmement fort afin qu'elle avance légèrement, de quelques mètres. Mais une fois que l'élan est donné, il suffit de pousser par petits coups pour qu'elle roule plus vite. Une fois l'inertie dépassée, la force du mouvement dépend du rythme de croissance que le créateur souhaite donner à son entreprise. Par ailleurs, l'effort initial est tellement énorme que le « pousseur » se doit d'être secondé pour faire démarrer sa voiture.

CHAPITRE 4

CATHERINE CAFITI

C FABRICANT DE DOUCEURS ET *C TRAITEUR*

CATHERINE CAFITI

FICHE PERSONNELLE

ENTREPRISES : C Fabricant de douceurs et C Traiteur
SITE WEB : www.cfabricantdedouceurs.com
DATE D'INCORPORATION : 12 mai 2010
VOTRE MENTOR : Claude Chapdelaine
VOTRE MEILLEUR ATOUT : l'instinct
CE QUI VOUS MOTIVE : la vie
VOTRE PLUS GRANDE FIERTÉ : mon audace
LA PREMIÈRE CHOSE À LAQUELLE VOUS PENSEZ QUAND VOUS VOUS LEVEZ : le soleil
SI VOTRE ENTREPRISE ÉTAIT UN ANIMAL : tortue, lentement mais sûrement

CATHERINE CAFITI

C FABRICANT DE DOUCEURS ET C TRAITEUR

MES PREMIERS PAS DANS UNE CUISINE

Dès ma plus tendre enfance à la campagne, mon entourage a dû faire face à mon hyperactivité et à mon indépendance. Mon trop-plein d'énergie a d'ailleurs épuisé bien des gardiennes ! J'allais çà et là, je montais des projets, et je n'arrêtais jamais d'explorer le voisinage. Ma grand-mère, passionnée de cuisine, tenta donc de canaliser mon énergie en m'enseignant l'art de marier les saveurs. Et ce fut un pari réussi, car depuis, mon amour pour la cuisine ne m'a jamais quitté !

À 14 ans, j'ai commencé à travailler pour un traiteur et j'ai beaucoup appris dans le domaine de l'alimentation. J'ai ensuite voulu sonder l'ensemble des sphères de la restauration. C'est ainsi que j'ai œuvré dans des casinos, hôtels, restaurants, bistrots, cafétérias et garderies.

L'INSTITUT DE TOURISME ET D'HÔTELLERIE DU QUÉBEC

En 1999, je suis entrée à l'*Institut de tourisme et d'hôtellerie du Québec* (ITHQ) pour suivre une formation d'un an et demi en cuisine italienne. J'ai par ailleurs reçu une bourse pour aller travailler quelques mois en Italie, avant de compléter mon diplôme d'études professionnelles. À mon retour, j'ai décidé de poursuivre ma formation et je me suis inscrite au cours de formation supérieure en cuisine. Le matin, nous suivions des cours de gestion et de logistique, et l'après-midi était réservé à la cuisine, avec comme mot d'ordre la création ! Nous devions, en effet, concevoir une dizaine de plats par semaine. De plus, je travaillais à cette époque dans un restaurant pour lequel je devais imaginer deux plats sur une base hebdomadaire. Disons qu'il fallait faire preuve d'imagination ! Pour couronner ces neuf mois intenses de formation, grâce à une autre bourse, je suis allée réaliser un stage en France durant un été.

Entre-temps, à l'âge de 19 ans, j'ai démarré une entreprise de traiteur. Je recevais deux ou trois contrats par mois, dont la plupart étaient pour des amis de mes parents ou alors pour les parents de mes amis. Ce « deuxième » emploi me permettait de procéder comme bon me semblait, contrairement aux hôtels et aux restaurants dans lesquels je travaillais en semaine. Cela m'a permis de constater que j'aimais l'entrepreneuriat et le monde des affaires. Mais en 2002, après deux ans d'activités, j'ai décidé de prendre une pause de mon entreprise et d'accroître mon expérience de vie, en plus de pratiquer mon anglais. Je suis donc partie à Vancouver, en espérant pouvoir encore travailler comme traiteur.

À LA CONQUÊTE DE L'OUEST

J'avais planifié passer une seule année à Vancouver, mais je m'y suis finalement établie cinq ans! Bien qu'étant à la recherche d'un travail pas trop exigeant pour me permettre de réfléchir à mes aspirations, je me suis retrouvée, après deux mois, à travailler comme sous-chef pour Rob Feenie[1], l'un des ambassadeurs de la cuisine gastronomique de l'époque. J'ai ensuite travaillé pour la plus grande entreprise de traiteur de Vancouver. Pendant ce mandat, je suis partie en Italie lors des Jeux olympiques de Turin comme chef culinaire pour la « Maison canadienne ». Nous avions comme mandat de promouvoir les Jeux de Vancouver 2010. Étant la seule de l'équipe à parler l'italien, je faisais office de traductrice pour la présidente de l'entreprise. Sollicitée à toute heure du jour et de la nuit, j'étais devenue son bras droit : je rencontrais des partenaires, je négociais, je créais des liens d'affaires, etc. Autant dire que de retour de cette mission, j'étais exténuée! J'ai donc pris un peu de temps pour moi, puis une nouvelle opportunité s'est présentée : devenir Chef Exécutif sur un bateau de croisière de luxe, le *M.V. Pacific Yellowfin*.

> « *CE N'EST PAS DONNÉ À TOUT LE MONDE DE POUVOIR CUISINER POUR BILL CLINTON OU POUR* PEARL JAM *À L'ÂGE DE 24 ANS !*

Au début, je devais simplement faire un remplacement, mais la Chef n'est jamais revenue! J'ai donc fait partie de l'équipe pendant trois ans. Le yacht privé, long de 115 pieds, pouvait accueillir entre six et 12 invités et comptait six membres d'équipage. L'offre de services était haut de gamme; il fallait compter autour de 120 000 $ pour une semaine à bord pour des croisières autour des îles du Golfe ou de la Forêt du Grand Ours.

Pour ma part, j'étais responsable de toute la logistique et de la planification du bateau, tant au niveau de la cuisine que des chambres : c'est tout un défi que de prévoir l'ensemble des aliments pour sept jours! Comme l'établissement était luxueux, je tenais à proposer des mets différents pour chaque repas, un aliment n'était jamais utilisé plus d'une fois (contrairement à la pratique courante dans les restaurants dans le but de minimiser les pertes de nourriture).

1. Connu internationalement, Rob Feenie a inauguré Lumière, son premier restaurant à Vancouver en 1995. Il a d'ailleurs reçu le prestigieux Relais Gourmand Designation, qui a une cote de quatre étoiles sur cinq, du Mobil Travel Guide (devenu le Forbes Travel Guide) et le AAA Diamond Award. Il est souvent invité à représenter le Canada comme ambassadeur culinaire à travers le monde. En 2004, il a été désigné chef de l'année par le Vancouver Magazine. Il a également publié trois livres de cuisine.

Il fallait faire preuve de polyvalence, d'initiative et de créativité, mais disons que ce n'est pas donné à tout le monde de pouvoir cuisiner pour Bill Clinton ou pour *Pearl Jam* à l'âge de 24 ans ! Après avoir donné de bons et loyaux services durant trois ans, j'ai décidé de reprendre le chemin de mon projet initial : créer ma propre entreprise. Pour ce faire, j'ai décidé de suivre le programme de certificat en démarrage d'entreprise, offert à *HEC Montréal*.

LE DOUBLE CHAPEAU D'ENTREPRENEUR ET DE CHEF

Durant mon parcours universitaire, j'avais l'impression que l'enseignement était davantage axé sur l'apprentissage théorique que pratique et que les outils présentés étaient peu circonscrits. Toutefois, j'ai bénéficié du dévouement et du support de certains professeurs qui ont su rendre cette expérience fort enrichissante ! En outre, en rencontrant plus tard d'autres entrepreneurs lors d'activités de réseautage, j'ai pu mesurer plus amplement mes acquis. Ainsi, j'ai constaté que le savoir-faire, les réflexes administratifs et le langage des affaires acquis lors de ma formation n'étaient pas maîtrisés par tous les créateurs d'entreprises. Au final, j'ai pu constater que j'avais investi adéquatement mon temps : l'exercice du plan d'affaires et les questionnements y étant liés m'ont permis d'avoir confiance en moi et d'éviter un grand nombre d'erreurs. Évidemment, j'en ai tout de même commis quelques-unes, mais l'important est d'avoir l'humilité de les admettre. Être entrepreneur, c'est vivre continuellement avec le risque. Toutefois, celui-ci peut être minimisé, à condition d'avoir un plan B et de disposer d'assez de recul pour prendre des décisions réfléchies et éclairées. Le fait que je dispose de bonnes lignes directrices me permet de croire que je ne ferai pas partie des 80 % d'entreprises qui échouent.

De plus, j'ai participé à plusieurs concours, dont celui mené par le *Centre d'entrepreneurship HEC-Poly-UdeM*, où j'ai remporté le premier prix d'une valeur de 15 000 $. J'ai également été candidate au *Concours québécois en entrepreneuriat* à l'automne 2010, alors que je n'avais aucun plan d'affaires, ni de document écrit structuré. Malgré tout, j'ai obtenu la quatrième place sur 234 participants. Je compte y participer à nouveau cette année, mon idée d'affaires étant maintenant bien plus définie !

LE GRAND SAUT : DEUX ENTREPRISES EN UNE

C FABRICANT DE DOUCEURS

À mon entrée dans le programme de certificat, mon idée d'entreprise était claire : je voulais démarrer une boutique spécialisée en crème brûlée à l'image de celles qui proposent des *cupcakes*. De plus, je souhaitais engager du personnel ayant de légers handicaps pour valoriser ces personnes encore trop marginalisées dans nos sociétés. Cela étant dit, en réalisant mon étude de marché et en analysant le secteur, j'ai compris qu'il était fort difficile d'être rentable en ne proposant qu'un seul produit. Ainsi, j'ai jugé opportun d'offrir des meringues et des sucres aromatisés. En outre, dépourvue d'expérience concrète en commerce au détail, j'ai décidé de me concentrer plutôt sur la distribution, du moins dans un premier temps. Une fois le projet solidifié, je pourrai ouvrir mon propre commerce. Autrement dit, l'éternelle impatiente que je suis a compris qu'elle ne pouvait pas tout réaliser au cours de la première année ! Désormais, mon but est de créer un réseau de distribution efficace et, par la suite, de proposer graduellement à mes détaillants de nouveaux produits.

À ce jour, je dispose de 20 points de vente à travers le Québec, principalement des épiceries fines. À Montréal, je tente d'être présente dans l'ensemble des quartiers, avec deux points de vente à Outremont, deux sur le Plateau, un à Rosemont, un à Saint-Lambert, un à l'Île des Sœurs, un à Verdun et, enfin, un autre dans le *West Island*. Les produits *C Fabricant de douceurs* sont également distribués dans deux épiceries fines à Québec ainsi qu'auprès d'une petite chaîne d'alimentation à Chicoutimi et à Jonquière. D'ici mai 2011, j'espère avoir 30 points de vente, puis 20 autres avant la fin de l'année.

Les meringues et sucres aromatisés sont apprêtés dans de beaux coffrets de présentation. Tous mes produits sont consignés, c'est-à-dire que la facture est envoyée à la fin d'une collection uniquement. Chaque année, trois collections sont confectionnées : une à Noël, une à la Saint-Valentin et une autre pour la fête des Mères. De plus, j'ai consenti à offrir 40 % de marge (contre 30 %, qui est la norme) aux vendeurs. Le paquet de quinze meringues se solde à 3,25 $. Autant dire que je me suis assurée de préparer adéquatement le terrain avant d'aller rencontrer les détaillants ! J'ai d'ailleurs conclu des ententes avec huit épiceries en une seule journée.

JE PRÉFÈRE GÉNÉRER PLUSIEURS MILLIONS EN CHIFFRE D'AFFAIRES DANS CINQ ANS, PLUTÔT QUE D'ACQUÉRIR UN MILLION MAINTENANT, ET NE PAS RÉPÉTER L'EXPLOIT ULTÉRIEUREMENT.

En ce qui a trait aux crèmes brûlées, elles ne sont pas encore commercialisées, car je ne suis pas pleinement satisfaite de leur qualité. En effet, le processus de fabrication m'empêche de les brûler en amont et la majorité des points de vente avec lesquels je négocie ne souhaitent pas s'occuper de cette dernière étape. Par ailleurs, je refuse d'inclure des produits chimiques dans ma recette, ce qui me permettrait pourtant de finaliser la fabrication. Rien ne m'indigne plus que les entreprises qui produisent de la nourriture à base de produits chimiques. Encore une fois, je souhaite procéder différemment : mes meringues sont élaborées à partir de sucre de canne biologique et tout l'emballage est réalisé de manière écoresponsable. J'ai refusé de faire affaire avec des fournisseurs d'emballage provenant de la Chine, puisque j'ai à cœur d'acheter localement, quitte à encaisser un surcoût. Sans être nécessairement une militante écologiste, je crois qu'il est important que mon entreprise reflète mes valeurs. Lors de mes longs séjours sur la mer, j'ai pu constater la dégradation des écosystèmes : d'année en année, on observait de moins en moins de loutres de mer et on pêchait moins de poissons. En tant que consommatrice, je m'interroge également sur les aliments que nous mangeons, sur la perte de goût de certains d'entre eux ou encore sur la présence d'hormones, qui sont possiblement à l'origine de diverses maladies et de mutations. Ainsi, je ne souhaite pas faire de concession sur la qualité ou compromettre mes valeurs; je préfère générer plusieurs millions en chiffre d'affaires dans cinq ans, plutôt que d'acquérir un million maintenant, et ne pas répéter l'exploit ultérieurement.

C TRAITEUR

Je savais que les premières ventes de *C Fabricant de douceurs* tarderaient à se concrétiser, et comme je n'avais pas travaillé depuis mon retour de l'Ouest, je me suis retrouvée sans le sou. J'ai donc démarré *C Traiteur*. J'ai contacté mes anciens clients pour leur annoncer que j'offrais à nouveau des services de traiteur. J'ai vite été prise à mon propre jeu, car les demandes pour *C Traiteur* ont afflué et je me suis retrouvée à démarrer deux entreprises en même temps !

Présentement, j'ai une quinzaine de clients, surtout dans le monde de l'entreprise, notamment des conseils d'administration. Je tiens à offrir un service sur-mesure, unique pour chaque occasion. Après chaque contrat, j'obtiens de nouveaux clients grâce au bouche-à-oreille. En fait, *C Traiteur* est plus rentable que *C Fabricant de douceurs*. Du coup, je pourrais me concentrer sur *C Traiteur*. Toutefois, je préfère faire des prévisions à plus long terme et faire évoluer les deux entreprises. Ultimement, j'espère pouvoir offrir une large gamme de produits, sucrés comme salés. Autrement dit, j'établis présentement une marque, une ambiance, une couleur, une identité d'entreprise. C'est d'ailleurs ce qui occupe la majeure partie de mon temps et qui représente des défis quotidiens. Voilà donc deux ans que je suis sortie de ma zone de confort, la cuisine !

À plus court terme, de mai à septembre 2011, je vendrai au Marché Atwater des boîtes à lunch, des limonades et des cônes de fruits frais saupoudrés de sucre aromatisé. Avec la collection de Noël 2010, je me suis aperçue que la plupart des consommateurs ne connaissaient pas les sucres aromatisés et, encore moins, les façons de les utiliser. Ainsi, j'espère donner des idées à mes clients !

Finalement, la gestion d'un point de vente au Marché Atwater me donnera un bel aperçu de ce que peut être la vie d'une boutique au détail. Cela me permettra aussi de réaliser la jonction entre *C Traiteur* et *C Fabricant de douceurs*. J'ose espérer créer une clientèle fidèle et assez grande pour ouvrir prochainement mon atelier-boutique à Verdun. J'ai d'ailleurs toujours l'ambition d'employer des personnes ayant des déficiences légères et des baby-boomers en manquent d'activités !

LES PROCHAINS DÉFIS

Démarrer une entreprise n'est pas une mince affaire, et lorsque l'on a deux entreprises, les défis sont encore plus grands ! À ce jour, je suis seule à assurer le développement des deux entités. Je dois gérer la production, la distribution, la phase de recherche et de développement (la création de recettes, de plats, de produits et des collections à venir) ainsi que l'administration. Seuls l'emballage et le marketing sont sous-traités, le premier étant assuré par les membres de ma famille qui sont à la retraite. Autant dire que je dois être efficace, rapide et organisée ! Par exemple, comme je ne peux allouer qu'un huitième de mon temps à la fabrication, j'ai récemment dû produire 20 000 meringues en deux nuits. Dire que mes heures de bureau sont de 6 heures du matin à 6 heures le lendemain est une vérité à peine exagérée : je dors seulement trois ou quatre heures par nuit.

Mon prochain défi sera l'embauche. J'espère engager sept personnes d'ici l'été, afin d'assurer la présence de mon entreprise au Marché Atwater. Trois personnes assureraient la vente en kiosque alors que quatre personnes seraient responsables de la production. La difficulté c'est que je suis très exigeante, tant envers moi-même qu'avec les autres. J'ai conscience qu'il n'est pas toujours facile de travailler avec moi ! Je suis très méthodiste et j'aime que les choses soient précises et bien organisées. J'ai pris l'habitude de travailler seule; il faut donc que je réapprenne à travailler en équipe et à déléguer. Néanmoins, j'ai déjà deux personnes clés dans mon entourage qui sont familières avec ma façon de faire et mes standards : Geneviève, ma meilleure amie, avec qui j'ai travaillé sur le bateau de croisière, et mon frère, qui est la seule personne capable de me raisonner pour que je réduise un peu mes multiples activités.

Mon second défi est plus personnel que le premier. En effet, je dois commencer à faire davantage attention à moi. J'ai conscience d'exiger constamment le maximum de moi-même et de mettre la barre toujours plus haute à chaque nouveau projet. En conséquence, je n'ai pas un style de vie idéal. À l'aube de mes 30 ans, je m'interroge sur mon avenir : quel sens dois-je donner à mes actes? Faut-il choisir entre ma carrière et ma future vie de famille? Dois-je ralentir le développement de mes entreprises pour construire ma vie personnelle? M'est-il possible de disposer d'un équilibre de vie tout en performant et en atteignant mes objectifs professionnels? J'ai souvent donné la priorité au développement de mes entreprises et à mes clients, sans trop penser à moi. Mon chèque de paie dépendait de mon chiffre d'affaires. Désormais, je réalise qu'il est primordial de me verser un salaire, surtout lorsque je travaille 18 heures par jour depuis deux ans. J'ai compris que l'émotion ne devait pas prévaloir sur la rentabilité : j'ai un projet, une vision, une mission, mais j'ai également des profits à réaliser.

J'AI COMPRIS QUE L'ÉMOTION NE DEVAIT PAS PRÉVALOIR SUR LA RENTABILITÉ : J'AI UN PROJET, UNE VISION, UNE MISSION, MAIS J'AI ÉGALEMENT DES PROFITS À RÉALISER. »

Finalement, mon dernier défi consiste à me concentrer sur un projet et à bien définir les objectifs à atteindre plutôt que d'emprunter une multitude de directions. Il m'est arrivé fréquemment d'accepter des propositions qui mettaient à profit mon expertise au détriment du développement de mon entreprise. Souvent, par peur de manquer une bonne occasion, je commençais un nouveau projet, mais n'abandonnais pas les autres en cours. J'ai dû recentrer mes activités autour de mes deux entreprises. C'est un apprentissage extrêmement difficile lorsqu'on est entrepreneur : nous sommes constamment en réflexion afin de savoir si l'on doit saisir une opportunité ou non. C'est d'ailleurs là que réside ma plus grande crainte. J'ai peur de ne pas avoir suffisamment de temps; la vie est tellement courte ! Voilà sans doute pourquoi je suis si pressée et hyperactive ! Je ne veux pas arriver à la fin de ma vie et me dire « Ah ! J'aurais dont dû ». Je crois en mes projets et en ma capacité à les réaliser. Je suis convaincue que chacun peut accomplir ce qu'il souhaite dans la mesure où il a confiance en lui. Comme l'a si bien dit Antoine de Saint-Exupéry : « Fais que le rêve dévore ta vie afin que la vie ne dévore pas ton rêve ».

CHAPITRE 5

GILLES BARBOT

GROUPE ESPRIT DE CORPS

GILLES BARBOT

FICHE PERSONNELLE

ENTREPRISE : Groupe Esprit de Corps Inc.

SITE WEB : www.espritdecorps.biz

DATE D'INCORPORATION : 2002

VOS MENTORS : mes clients

VOTRE MEILLEUR ATOUT : ma santé, mon enthousiasme et la communauté qui m'entoure

CE QUI VOUS MOTIVE : ma mission, mon rêve

VOTRE PLUS GRANDE FIERTÉ : d'avoir su quitter les chemins existants et d'avoir fait mes propres traces

LA PREMIÈRE CHOSE À LAQUELLE VOUS PENSEZ QUAND VOUS VOUS LEVEZ : que celui qui renonce à être meilleur cesse déjà d'être bon

SI VOTRE ENTREPRISE ÉTAIT UN ANIMAL : un dauphin, car quand il est en groupe, il est capable de tuer un requin !

Relevons vos Défis

GILLES BARBOT

GROUPE ESPRIT DE CORPS

LA PHILOSOPHIE ESPRIT DE CORPS

En 2005, plus d'un Québécois sur trois déclarait connaître un taux de stress élevé au travail. De plus, l'*Organisation mondiale de la santé* (OMS) affirme qu'en 2020, la dépression sera la deuxième cause d'invalidité dans le monde, après les maladies cardio-vasculaires.

Partant de ce constat inquiétant, j'ai créé le *Groupe Esprit de Corps*. L'objectif était d'aider les gestionnaires et leur équipe à créer des habitudes de performance durable et à connaître encore plus de succès. Pour ce faire, nous proposons des formations concernant les enjeux de demain, des outils de performance et des défis sportifs. Ces défis sont au cœur de notre initiative : nous concevons un plan précis et nous réalisons un projet sportif extraordinaire comme outil de développement. Nous cherchons finalement à promouvoir les valeurs de collaboration, de cohésion et de santé au sein d'une équipe. C'est une véritable révolution culturelle que nous essayons d'insuffler. À l'heure où seule la performance individuelle est valorisée, encouragée et récompensée, il est difficile d'instaurer, dans les pratiques de gestion, des valeurs d'interdépendance. Somme toute, malgré le passage de l'ère de l'industrialisation à l'ère de l'information, les pratiques de gestion restent les mêmes. Plutôt que d'essayer de changer de paradigme, nous sommes enfermés dans le même cercle vicieux, car le problème découle du paradigme lui-même. Au fait, nous devons être toujours plus rapides, plus performants et aussi exigeants envers nous-mêmes qu'envers les autres. Du coup, nous négligeons les moments d'échange et de brassage d'idées qui sont pourtant propices à l'innovation et à la créativité. Cela crée un climat de méfiance au sein d'une équipe de travail, climat qui conduit à une culture de la performance individualiste qui, à son tour, pousse les gestionnaires à vouloir constamment tout contrôler. Ainsi, le cercle vicieux de la co-dépendance ou de la co-indépendance continue au lieu de créer une atmosphère d'interdépendance. Dans un tel contexte, *Esprit de Corps* espère faire une différence positive.

ESPRIT DE CORPS : DU COACH DE VIE AUX DÉFIS ESPRIT DE CORPS

À ses débuts en 2002, influencée par mon expérience de consultant de bien-être, *Esprit de Corps* était une entreprise axée sur les services de *coaching* de vie auprès des particuliers. Nous offrions quelques activités de mobilisation d'équipe dans les entreprises. Ces services sont devenus disponibles exclusivement pour les clientèles d'affaires au cours de l'année 2007. Des formations, des ateliers, des conférences et des activités de développement d'esprit d'équipe complètent aujourd'hui notre offre de services. Aujourd'hui, 95 % des projets d'*Esprit de Corps* sont axés sur le monde des affaires.

Par l'entremise de défis sportifs, nous proposons aux gestionnaires et à leur équipe une expérience qui s'étale sur plusieurs mois. En fait, nous voulons souder l'équipe autour de valeurs, d'objectifs et de rêves communs, ce qui est bénéfique pour les entreprises, stratégiquement parlant. À titre d'exemple, nous avons organisé un relais Ottawa-Halifax pour l'entreprise *Pomerleau* (une entreprise qui génère un milliard de dollars en chiffre d'affaires et compte plus de 1 000 employés). Pendant trois jours, cent cadres de haut niveau (dont le président, les vice-présidents et directeurs) se sont relayés entre les deux villes. Chaque cadre a couru environ 350 kilomètres. Il est évident qu'en termes de politique d'attraction et de rétention de talents, ce défi fut une belle publicité. *Pomerleau* contribua également à assurer la santé de ses cadres. Avant de pouvoir réaliser le relais Ottawa-Halifax, ces derniers ont dû s'entraîner pendant six mois. L'idée des défis est justement d'appliquer cette philosophie aux autres sphères de la vie des employés. D'ailleurs, comme l'a souligné le psychiatre français Christophe Dejours : « C'est l'homme tout entier qui est conditionné au comportement productif par l'organisation du travail, et hors de l'usine il garde la même peau et la même tête. Dépersonnalisé au travail, il demeurera dépersonnalisé chez lui. » En d'autres termes, en travaillant avec les employés d'entreprises, on peut changer la société de façon durable.

FAIRE ÉVOLUER LES PRATIQUES DE GESTION

Le défi sportif exige une plus grande implication de la part des participants qu'un simple atelier ou une formation de base. Par ailleurs, il permet de transformer les habitudes de collaboration : si l'un des participants arrête, cela aura des répercussions sur l'ensemble du groupe. Dans le cas d'une course à relais, le coureur A est lié au coureur B. Chaque participant doit soutenir l'autre et l'encourager à se dépasser, créant ainsi une bonne cohésion et un lieu où il fait bon vivre. Au lieu d'utiliser le sport comme un exutoire malsain, nous cherchons à réintroduire la confiance, la reconnaissance et la considération au sein d'un groupe. Au final, ce n'est pas tant la performance qui importe, mais l'accomplissement individuel et collectif. Ce sont ces expériences qui sont enrichissantes; des individus qui s'aident et se soutiennent les uns les autres, sans jugement.

Tous nos défis requièrent des entrainements réguliers, un suivi, des formations et des défis préparatoires. Avant d'envisager la traversée du Canada à vélo avec l'entreprise *Agropur*, nous avons eu des périodes préparatoires visant, par exemple, à faire le trajet entre Montréal et le Mont-Tremblant. Pour chaque défi, nous réalisons d'une à trois expéditions préparatoires. Notre offre de services est étalée dans le temps et s'avère relativement coûteuse. Il faut convaincre les dirigeants des entreprises qu'il est préférable d'investir dans l'achat d'équipements sportifs tels que des vélos, des chaussures et des gilets de sport, plutôt que dans un séminaire de formation donné dans un hôtel luxueux à Hawaii. Notre clientèle est surtout constituée de PME d'au moins une centaine d'employés ou de grandes institutions nord-américaines telles que *Rona*, *L'Oréal*, *PricewaterhouseCoopers*, l'*École d'entrepreneurship de Beauce* et la *Fondation du maire de Montréal pour la jeunesse*.

À long terme, nous espérons transformer les pratiques des organisations en termes de santé et de bien-être. Selon nous, le changement prend vraiment forme lorsqu'une équipe construit un rêve par rapport à un défi qui requiert une transformation de la part de tous les participants. Les mécanismes de défense sont moins présents lors d'une expédition où chacun est logé au même endroit, plutôt que lors d'une formation d'usage portant sur la santé au travail. *Esprit de Corps* n'offre pas l'unique solution, mais plutôt une solution parmi d'autres. L'avantage d'une expérience sportive concrète est que l'on touche à des thématiques de gestion. La force de cette approche est son concept novateur, mais paradoxalement, c'est aussi sa faiblesse.

ESPRIT DE CORPS *N'OFFRE PAS L'UNIQUE SOLUTION, MAIS PLUTÔT UNE SOLUTION PARMI D'AUTRES.* »

LA NAISSANCE D'ESPRIT DE CORPS

DU SPORT ET DES VOYAGES HUMANITAIRES

J'ai grandi en Bretagne avec six frères et soeurs dans une famille bourgeoise. Ma mère est infirmière et mon père, qui est rhumatologue, partage son temps entre l'hôpital et sa clinique privée. J'ai découvert le sport dès un très jeune âge. J'ai pratiqué la voile et le basket-ball au niveau national. À 16 ans, j'ai cédé à la pression familiale et j'ai abandonné le basket-ball. J'ai décidé de partir six mois en Afrique dans le cadre d'un projet humanitaire. J'ai réalisé que les éléments de collaboration et d'authenticité que j'avais découverts dans le sport ne se prêtaient pas particulièrement au domaine humanitaire. En discutant avec des travailleurs africains, plusieurs n'étaient pas heureux dans leur travail. De plus, ils associaient la santé et le sport à la jeunesse. Je ne voulais pas accepter ce triste fait. Je souhaitais sortir des sentiers battus, aller vers l'inattendu, tracer mon propre chemin. Avec le recul, je réalise que l'élément déclencheur de ma vocation d'entrepreneur découle de ce malaise, de cet écart entre le milieu sportif et la vie professionnelle.

Au lieu de m'inscrire dans les classes préparatoires aux écoles de commerce, comme me le suggéraient mes parents, je suis parti pour les États-Unis tout juste avant mes 18 ans. Je devais y rester un été, mais j'ai sillonné le continent pendant cinq ans !

LA CONQUÊTE DE L'AMÉRIQUE

J'ai été immigrant illégal durant trois ans, travaillant là où on me donnait ma chance. J'ai commencé par faire de l'entretien ménager durant la nuit dans une entreprise. Je travaillais 70 heures semaine et j'étais payé 3,80 $ de l'heure. Ces six mois ont été très difficiles, car j'avais à peine de quoi me loger et me nourrir. Voyant mon état miséreux, un cousin éloigné, entrepreneur dans l'État du Kentucky, consentit à me prêter un peu d'argent. J'ai donc acheté un camion-benne, embauché plusieurs personnes et je me suis lancé dans le nettoyage industriel.

J'ai par la suite vendu mon entreprise et j'ai acheté une vieille *Cadillac* pour aller en Floride. Malheureusement, ma voiture s'est brisée et je me suis retrouvé sans le sou. J'ai donc travaillé comme carreleur pendant un certain temps avant de retourner au Kentucky en faisant du pouce. Là bas, j'ai été bûcheron pendant six mois. Au volant de mon *pick-up F 250,* je suis reparti en direction de la Floride, à Marco Island. Je vivais dans une cage d'escalier, puis j'ai rencontré un millionnaire qui me logea et me paya 50 dollars par mois pour l'entraîner au volleyball de plage quatre heures par jour. C'est à cette époque que j'ai commencé à *coacher* des particuliers en sport individuel.

Finalement, j'ai travaillé durant deux saisons en restauration dans le but de poursuivre des études de préparateur physique au *Orange Coast College*, à Costa Mesa, en Californie. De 1997 à 1999, j'ai suivi une formation de *Wellness Consultant* (consultant en bien-être) tout en travaillant sur le campus. J'étais préparateur physique auprès de personnes qui souffraient de handicaps, de maladies dégénératives ou de troubles mentaux. C'est par cette expérience que j'ai compris que la forme physique ne suffisait pas pour gagner des compétitions sportives; la psychologie était tout aussi - sinon plus - importante. J'ai travaillé à mon propre compte comme *coach* sportif, en tentant d'aider les individus à trouver un sens dans leurs actions quotidiennes. J'ai par ailleurs reçu des formations et obtenu des certificats dans des domaines connexes à la psychologie humaniste (psychométrie, leadership, etc.).

LE DÉMARRAGE D'ESPRIT DE CORPS

J'ai ensuite décidé de suivre ma copine de l'époque à Montréal. J'ai effectué des études à *l'Université Concordia* de 1999 à 2001 en sciences de l'exercice, puis à *HEC Montréal* pour un certificat en démarrage d'entreprise. C'était la première cuvée du programme. J'ai apprécié le côté pratique et concret, notamment le partage d'expériences d'entrepreneurs externes. Je crois que c'est une force de soutien qui permet d'éviter certaines erreurs. Au départ, nous étions une soixantaine d'étudiants, nous avions une volonté commune : le démarrage d'une entreprise. Faire partie d'une même cohorte nous a poussés à nous entraider, à nous soutenir mutuellement et à créer un réseau avec des individus que je n'aurais probablement pas rencontrés dans un autre contexte. Pourtant, nous avons été six à terminer l'année. Je fus le seul à démarrer mon entreprise. On oublie souvent que le faible taux de survie des entreprises au cours des cinq premières années est davantage attribuable aux conflits et aux mauvaises relations interpersonnelles qu'à des faillites. L'entrepreneur, fatigué des conflits, perdra en qualité de vie et fermera son entreprise. Les écoles de gestion devraient nous mettre davantage en garde contre ces obstacles et nous donner des outils pour les vaincre.

ESPRIT DE CORPS AU QUOTIDIEN

LES DÉBUTS D'ESPRIT DE CORPS

En 2002, j'ai démarré *Esprit de Corps* seul. Je n'avais jamais travaillé pour une grande entreprise, mais j'avais de l'expertise en affaires et beaucoup d'intuition. Personnellement, je savais que je ne pouvais pas m'épanouir en suivant le modèle professionnel proposé par les grandes sociétés. J'avais pu constater que certaines personnes que je *coachais* souffraient dans leur milieu de travail. J'ai donc voulu proposer quelque chose de novateur pour remédier à cette réalité.

Bien qu'il fût déjà tracé par l'entremise du certificat en entrepreneuriat, le projet *Esprit de Corps* a mûri au cours des six premières années. La phase de recherche et développement a été longue. Nous avons dû cerner les bonnes méthodes et délaisser les moins efficaces. Nous avons dû aligner notre expertise avec le quotidien des gens d'affaires. Malgré tout, nous avons réussi à nous autofinancer et à conserver le contrôle. Aujourd'hui, la structure d'*Esprit de Corps* est très saine : l'entreprise est protégée du point de vue fiscal, car nous avons créé des fiducies et des entreprises de gestion dont je suis le bénéficiaire. De plus, le matériel nous appartient, la structure d'équipe se solidifie et nous prévoyons obtenir plusieurs contrats l'an prochain.

Nous avons une dizaine d'employés et prévoyons de nouvelles embauches sous peu. L'équipe est jeune; la moyenne d'âge se situe autour de 27 ans. *Esprit de Corps* s'est entourée d'individus mûrs, altruistes, ayant un grand sens du leadership et éprouvant plus de plaisir à pratiquer une activité sportive à plusieurs que de manière individuelle. Nos employés disposent d'un vif intérêt pour le sport. Loin d'être intentionnel, le jeune âge des collaborateurs s'explique davantage par la difficulté de trouver ce genre d'expertise auprès de personnes plus âgées.

Ensuite, il est toujours difficile de faire la part des choses entre ce qui est le travail et ce qui ne l'est pas : les expéditions sont-elles des activités de vacances ou de travail? Pour ma part, je travaille entre 70 et 75 heures par semaine et j'ai, au minimum, une expédition par mois. Par contre, ce rythme ne m'empêche pas de profiter de mes enfants et de préserver une qualité de vie qui m'est nécessaire. Le travail ne doit pas être une prison; il est important d'être bien dans ce que l'on fait.

UNE ENTREPRISE EN SANTÉ

Nous avons à cœur de pratiquer ce que nous prônons. Aussi, nous organisons plusieurs moments de prises de parole et d'échanges. Même si chaque employé a des responsabilités précises, tous doivent pouvoir mettre de l'avant leurs idées. Ces moments de communication permettent, en outre, de s'assurer que notre action aura un sens commun pour tout le monde. Chaque lundi, nous commençons par mesurer le «bien-êtromètre». Le «bien-êtromètre» mesure l'humeur de chacun en début de semaine. Nous offrons aussi aux employés la chance de pouvoir s'entraîner deux heures par semaine. Aussi, au siège social, des douches et des machines à laver sont mises à la disposition de chacun. Finalement, nous terminons la semaine par un *brunch*, suivi d'un match de basket-ball. Notez que durant de nombreuses années, *Esprit de Corps* a tout juste fait ses frais. Nous disposions alors de très peu d'expérience et nous avions peu de clients. Certaines personnes ont cru en notre projet et nous ont aidés à aller de l'avant. Certains m'ont versé des dons et j'ai été exempté de payer mon loyer pendant de longs mois. Je croyais en la mission *d'Esprit de Corps* et je ne voulais surtout pas abandonner. Par la suite, nous avons reçu du financement d'organismes subventionnaires comme le *Service d'Aide Jeunes Entrepreneurs (*SAJE), *Montréal Métro* ou encore le *Centre d'Entrepreneurship HEC-POLY-UdeM.* Aussi, nous avons beaucoup fonctionné — et nous continuons de le faire — par un système d'échange de services pour réduire les coûts. Lorsqu'*Esprit de Corps* en était à ses débuts, nous avons restauré une cave dans le Vieux-Montréal en échange d'un an de loyer. Le *brunch* du vendredi, ainsi que tous les dîners nous étaient fournis par le traiteur *Les Gourmets Pressés* qui participait à nos entraînements hebdomadaires gratuitement. L'interdépendance est bel et bien notre mot d'ordre!

Par ailleurs, *Esprit de Corps* est la cinquième entreprise au monde à être certifiée «Entreprise en Santé». Première initiative mondiale du genre, cette norme (appelée «Prévention, promotion et pratiques organisationnelles favorables à la santé en milieu de travail») est octroyée par le *Bureau de normalisation du Québec* pour une période de deux ans. Elle vise le maintien et l'amélioration de l'état de santé des personnes en milieu de travail de manière durable. Les pratiques de gestion (esprit d'équipe, formations, etc.), l'environnement de travail (stationnement pour les bicyclettes, nourriture, aires de repos, etc.) ainsi que les habitudes de vie du personnel (activités physiques, gestion du stress, équilibre entre travail et vie personnelle) sont mesurés.

LA FONDATION

En 2005, soit trois ans après la création du *Groupe Esprit de Corps Inc.*, la *Fondation Esprit de Corps* a vu le jour. Elle a pour mission de redonner espoir et dignité à des personnes dans le besoin par l'entremise d'activités sportives et éducatives. Chaque année, nous soutenons une cause en organisant un défi et en amassant des fonds. À titre d'exemple, en 2007, par l'entremise d'une course à relais entre Montréal et New York, nous avons fait un don de 2 000 $ au *Centre Jeunesse de Montréal*. Grâce à ce don, cinq jeunes ont pu partir pendant un mois en « vacances sportives ». Le défi a été renouvelé en 2009 et a permis à la coopérative *DesÉquilibres* de former un apprenti *éductraîneur*. Ce dernier est certifié en animation sportive pour les jeunes en difficulté. L'apprenti *éductraîneur* a entraîné 25 jeunes de l'*École primaire St-Arsène* pour ensuite les encadrer lors d'une marche de 10 km dans la forêt. En 2008, une course à relais entre Montréal et Chicoutimi a permis d'épauler l'association *Sur la pointe des pieds* et d'offrir une expédition à un jeune qui était en rémission d'un cancer.

> ESPRIT DE CORPS *EST LA CINQUIÈME ENTREPRISE AU MONDE À ÊTRE CERTIFIÉE « ENTREPRISE EN SANTÉ ».* »

LES PROJETS D'ESPRIT DE CORPS

Nous sommes plutôt ambitieux pour l'avenir, car il existe un réel besoin dans ce secteur. Les entreprises qui souhaitent faire appel à ce genre de services sont de plus en plus nombreuses. De plus, nous avons acquis une réelle expertise et nous n'avons pas vraiment de concurrents directs. Nous prévoyons ouvrir des bureaux dans le reste du Canada, développer des réseaux d'affaires *Esprit de Corps* et des clubs sportifs où les gens pourront s'entraîner ensemble. Autrement dit, dans les prochaines années, nous allons devenir des ambassadeurs d'*Esprit de Corps* et étendre le concept géographiquement.

À court terme, nous souhaitons acquérir un voilier pour mener de nouveaux défis comme une traversée de trois jours de Halifax à New York ou encore de Québec au Rocher Percé. Aussi, j'entraîne un groupe de personnes qui pèsent plus de 250 livres chacune pour effectuer le parcours entre Montréal et le Mont-Tremblant à bicyclette. L'homme est un peu comme les cortèges d'oiseaux qui volent en forme de V. Il va 68 % plus loin lorsqu'il est en groupe. Il ne faut pas rêver les yeux fermés, mais rêver les yeux grands ouverts; ce rêve n'en vaut la peine que s'il est partagé !

CHAPITRE 6

FRANÇOIS-PIERRE BLAIN

CERCUEILS BAMBOU
BOIS ET BAMBOU

FRANÇOIS-PIERRE BLAIN

FICHE PERSONNELLE

ENTREPRISES : Cercueils Bambou et Bois et Bambou

SITES WEB : www.cercueilsbambou.com et www.boisetbambou.com

DATE D'INCORPORATION : pas d'incorporation à ce jour, entreprise personnelle existante depuis le 26 octobre 2004

VOTRE MENTOR : Khalil Mujadidi, il possède l'entreprise Spinzer inc. située à La Prairie, Québec

VOTRE MEILLEUR ATOUT : ma persévérance et mes idées

CE QUI VOUS MOTIVE : l'écologie, faire ma part pour transformer les mauvaises habitudes des consommateurs

VOTRE PLUS GRANDE FIERTÉ : à part mes deux magnifiques enfants, ce serait l'obtention à 41 ans de mon baccalauréat et du même coup, le démarrage de cette entreprise qui à un certain succès et beaucoup de potentiel

LA PREMIÈRE CHOSE À LAQUELLE VOUS PENSEZ QUAND VOUS VOUS LEVEZ LE MATIN : lire l'agenda et penser à mon prochain pas vers le succès

SI VOTRE ENTREPRISE ÉTAIT UN ANIMAL : un Panda, car il aime le bambou, il est rare et presque unique; un peu comme nous

FRANÇOIS-PIERRE BLAIN

CERCUEILS BAMBOU
BOIS ET BAMBOU

Cercueils Bambou et *Bois et Bambou* représentent le résultat de mon parcours d'entrepreneur. Déjà tout jeune, je vendais de la limonade et je lisais avec admiration la vie d'Howard Hugues. Depuis, j'ai eu plusieurs entreprises, plusieurs idées, plusieurs expériences. Et elles m'ont toutes servi à avancer vers mon idéal : l'Asie et l'écologie. Voici comment tout cela est arrivé.

LES DÉBUTS DANS LE MONDE DE L'ENTREPRENEURIAT

En 1998, puis encore en 2001, j'ai acheté plusieurs immeubles à logements dans le quartier Hochelaga-Maisonneuve de Montréal. Mon objectif était de les rénover, de les louer puis de les revendre. Je travaillais aussi à temps plein au *Casino de Montréal*. Au cours des travaux, je me suis mis à récupérer les matériaux usagés. Je me fis également la réflexion qu'il n'existait pas de produit de rénovation écologique pour la cuisine sur le marché québécois. J'ai donc effectué des recherches sur internet pour en apprendre un peu plus sur le sujet. C'est alors que j'ai découvert les propriétés du bambou. Cette plante, qui est peu utilisée en Amérique du Nord, est pourtant une vraie alternative écologique au bois traditionnel. En effet, le bambou pousse très rapidement. Sa maturité est atteinte en à peine 5 ans, ce qui assure une régénération rapide de la plante. Certaines espèces ont une croissance de plus d'un mètre par jour ! De plus, le bambou capte 30 % plus de CO_2 que les arbres à feuilles et libère, par conséquent, plus d'oxygène dans l'atmosphère. Enfin, ses racines profondes limitent l'érosion des sols et sa culture ne nécessite pas d'engrais. Au final, le bambou a donc une plus faible empreinte écologique que les bois traditionnellement utilisés.

Après la revente des immeubles, je cherchais de nouveaux défis à relever. Mon épouse étant vietnamienne, j'ai appris à apprécier la cuisine asiatique. Cela en est même devenu une passion. À force de manger dans les restaurants vietnamiens, je me questionnais sur la rentabilité d'une telle entreprise. J'en ai parlé avec quelques amis et l'idée était lancée : nous allions ouvrir un restaurant vietnamien à Boucherville ! Peu de temps après, un local intéressant était disponible. Je n'avais pas fait d'étude de marché, mais cet endroit était une opportunité que je ne pouvais pas laisser passer. Une fois l'entente conclue, je me suis lancé dans les rénovations pour transformer cette ancienne boutique de vélos en restaurant convivial. Les travaux ont duré six mois. Alors que l'ouverture approchait, mes partenaires m'annoncèrent qu'ils ne souhaitaient plus être associés, mais plutôt de simples employés.

Je me suis retrouvé alors seul aux commandes, sans expérience dans la restauration. J'avais déjà investi plusieurs milliers de dollars. Il était donc hors de question d'arrêter le projet. Le restaurant ouvrit ses portes le 25 avril 2005. La pression financière était forte, car je devais désormais payer des salaires à mes anciens partenaires. Le succès fut au rendez-vous, malgré une cuisine un peu lente. Le restaurant, qui ouvrait seulement le midi, attirait une clientèle qui aimait prendre son temps et déguster des mets asiatiques authentiques et de bonne qualité. Le restaurant était plein tous les midis, mais les 22 places disponibles ne suffisaient pas pour générer suffisamment d'argent pour couvrir mes frais d'exploitation. Pour que le restaurant ait été rentable, 40 tables auraient été nécessaires. Chaque jour représentait donc une perte financière. Finalement, en novembre 2006, date à laquelle mon congé parental prenait également fin, je me suis décidé à vendre le restaurant. Tout l'argent gagné auparavant grâce à mes opérations immobilières fut ainsi englouti dans ce désastre financier.

Il est clair qu'une étude de marché m'aurait permis d'éviter ce fiasco. À la fermeture du restaurant, j'ai décidé de suivre des cours de gestion afin de ne pas reproduire ce genre d'erreur. J'avais déjà obtenu deux certificats : l'un en droit à l'*Université de Sherbrooke* et l'autre en commerce international à *HEC Montréal*. C'est vers cette dernière institution que je me suis tourné pour continuer mon apprentissage. Spécialement conçu pour les personnes qui souhaitent démarrer leur projet, le certificat en création d'entreprise répondait parfaitement à ce que je recherchais : un mélange de cours généraux sur la finance, le marketing et la comptabilité, mais aussi des cours axés sur un projet d'entreprise personnel. De plus, les cours étaient donnés le soir ou la fin de semaine, ce qui était idéal, puisque je travaillais de jour.

J'ai ainsi commencé mon parcours universitaire à l'hiver 2007. L'objectif était d'identifier une opportunité d'affaires et d'effectuer une étude de marché. Pour mon restaurant, j'avais fait venir de Chine une machine à crème glacée. L'appareil fonctionnait très bien et je l'ai acheté pour un dixième du prix d'un appareil de fabrication locale. Je me suis dit qu'il y avait sans doute un marché à exploiter dans l'importation de ce type de machine. J'effectuai mes recherches dans le cadre du cours, et je commençai à peaufiner un peu plus mon idée. Et après quelques mois, une fois le nom choisi et les cartes professionnelles en poche, je me suis lancé à la rencontre de clients potentiels. Cependant, peu d'entre eux étaient intéressés par mes produits. Il y avait un gros manque de confiance vis-à-vis les produits chinois. Je me rendis vite compte que le marché n'était pas là. Au final, j'ai même eu du mal à vendre le seul exemplaire que j'avais en ma possession. Nous étions alors à l'été 2007 et je devais me résoudre à trouver une autre idée d'affaires. J'ai donc appelé monsieur Chapdelaine, mon professeur du premier cours de démarrage d'entreprise, pour faire le point sur ma situation. Il me conseilla de ne pas poursuivre le cours d'automne et de prendre le temps de trouver une autre opportunité d'affaires qui cadrait bien avec mes valeurs.

ARMOIRES ET COMPTOIRS BAMBOU

C'est alors que je me suis tourné vers ce que je connaissais, la construction, et vers ce qui me passionnait, l'Asie et l'écologie. Lors des rénovations d'appartements, j'avais commencé mes recherches sur des matériaux écologiques et découvert que le bambou était un matériau intéressant. De plus, je me rendis compte qu'il n'existait pas de produit de rénovation écologique pour la cuisine sur le marché québécois. Après une recherche sur internet, j'ai découvert que des produits en bambou pour la cuisine étaient fabriqués en Californie et en Chine. En continuant mes recherches, je suis tombé sur un fournisseur qui fabriquait des comptoirs à Beijing. Ce n'était pas suffisant pour moi, car j'avais également besoin d'armoires. Je lui ai donc demandé d'effectuer des recherches afin de trouver un second fournisseur capable de fabriquer des armoires et c'est près de Shanghai qu'une entreprise fut localisée. *Armoires et comptoirs bambou* voyait alors le jour.

L'Asie a toujours été un continent qui me fascine. Lorsque j'étais jeune, j'ai visité quelques coins de l'Asie avec mes parents et, depuis, j'ai toujours été passionné par ce coin du globe. Mais c'est en 2001 que le déclic se fit. Déjà employé au *Casino de Montréal*, je discutais souvent de ma passion avec l'une de mes clientes. Cette dernière gérait une entreprise de fabrication de meubles provenant du Vietnam. Elle me proposa de l'accompagner pour son voyage d'affaires. Après une nuit de réflexion, j'ai accepté et, pendant tout le séjour, j'ai pu observer comment se faisaient les affaires au Vietnam. Cela m'a alors convaincu que c'était précisément ce que je voulais faire de ma vie et c'est ainsi que l'entreprise *Armoires et comptoirs bambou* qui se spécialise dans l'importation de comptoirs et d'armoires en bambou au Québec et les installe chez des particuliers vit le jour.

Je me suis inscrit au deuxième cours de création d'entreprise à l'hiver 2008 et j'ai monté le plan d'affaires de l'entreprise. Durant la session, je recevais des échantillons de Chine, ce qui me permettait de commencer à démarcher des clients. Cependant, je me suis vite rendu compte qu'il me manquait de l'expertise dans l'installation de mobilier. J'ai alors décidé de m'associer avec un ébéniste. *Armoires et comptoirs bambou* prit alors le nom de *Bois et Bambou*. Nous avons obtenu quelques contrats, mais il n'était pas facile de trouver des clients fiables et qui nous faisaient confiance.

CERCUEILS BAMBOU

Le troisième et dernier cours de création d'entreprise n'était malheureusement pas offert durant le semestre d'automne 2008. Je restais tout de même bien occupé entre mon emploi au Casino, la recherche de clients pour mon entreprise et ma vie familiale. C'est par un heureux hasard que me vint l'idée de *Cercueils Bambou*. En regardant la télévision, je suis tombé sur un reportage au sujet d'un Québécois qui voulait se lancer en affaires dans le domaine funéraire. L'émission suivait l'entrepreneur dans une étude de marché portant sur le secteur funéraire et dans l'analyse des rites et des produits proposés aux clients. Le reportage consacrait même quelques minutes aux produits funéraires écologiques. Mais les articles présentés (cocon en papier mâché, cercueil en osier tressé, etc.) étaient à mon sens trop originaux. Selon moi, ce marché nécessitait plutôt des produits plus traditionnels. C'est là que je me suis dit que bambou, écologie et secteur funéraire pouvaient très bien s'arrimer les uns aux autres. J'ai rapidement contacté mon fournisseur pour lui demander s'il était capable de produire des cercueils ou des urnes funéraires. Il décida de tenter le coup ! Je vis dans *Cercueils Bambou* une grande opportunité d'affaires. Je décidai alors de monter un nouveau plan d'affaires et de faire le troisième cours de création d'entreprise avec ce projet. Et avant même le début de la session, j'avais reçu deux urnes et cinq cercueils de la part de mon fournisseur. J'ai donc commencé à démarcher mes clients et à présenter mes produits.

Certains membres de ma famille connaissent bien des dirigeants des plus grandes entreprises funéraires au Québec : *Magnus Poirier* et le *Groupe Dallaire*. En janvier 2009, un samedi après-midi[1], j'ai appelé Jacques Poirier, président et chef de direction du groupe, pour organiser une rencontre plus tard dans la journée. Mon partenaire de *Bois et Bambou* me prêta sa remorque pour la journée. Puisqu'une cérémonie avait lieu en fin de journée, le moment ne convenait pas trop à M. Poirier. Cependant, j'ai insisté, car je ne disposais de la remorque que pour quelques heures. Il a accepté de me rencontrer. J'ai enfilé mon plus beau costume pour aller présenter mon cercueil et mes urnes. Une fois sur place, je me suis rendu compte que je n'avais pas prévu de personnel pour décharger le cercueil. J'ai alors dû faire appel aux employés du centre funéraire, qui ne semblaient pas très heureux de la situation. De plus, alors qu'ils sont habitués à ce que les cercueils arrivent sur des palettes, le mien se trouvait dans une boîte en carton. Les employés déposèrent le cercueil sur un charriot, qui était d'une taille inférieure à celle du cercueil. Ils l'amenèrent à l'intérieur et, d'un coup, le fond du cercueil se brisa et il percuta le sol dans un grand fracas. Mon fournisseur avait fait un premier fond amovible, mais au lieu d'en construire un deuxième fixe et solide, il n'avait mis qu'une petite barre pour bloquer le premier et elle céda. M. Poirier fut mécontent de tout ce vacarme qui dérangeait les

1. Les samedis sont généralement très occupés dans le milieu funéraire.

funérailles qui se déroulaient à côté. Entre les plaintes des employés, le cercueil qui se brisa et le responsable mécontent, je ne savais plus quoi faire. Ce projet était tellement gros dans ma tête et, tout d'un coup, en quelques minutes, mon rêve s'effondrait !

GRÂCE AU GREEN BURIAL COUNCIL, *MES PRODUITS SONT ACTUELLEMENT PRÉSENTÉS À LAS VEGAS. DE PLUS J'AI OBTENU UNE CERTIFICATION ÉCOLOGIQUE.* »

Le stress et le choc générés par cette rencontre m'ont tellement affecté que j'ai été malade pendant les 10 jours qui ont suivi cet incident. Néanmoins, monsieur Poirier fut impressionné par l'aspect du produit. Il n'avait pas pensé que la texture du bambou pouvait être aussi belle. Il décida donc de me recommander à la responsable des achats du groupe, que j'ai rencontré quelques semaines plus tard pour lui présenter les urnes funéraires. Elle apprécia beaucoup le produit, mais souhaitait être en mesure d'ajouter des motifs sur l'urne. Je pris note de ses demandes et je fis une commande à mon fournisseur pour une urne avec un motif d'arbre et une autre avec un motif de rose. Un mois et demi plus tard, une fois les urnes reçues, je suis allé à nouveau les présenter à la responsable. Elle les adora et décida de m'en commander quinze exemplaires. Le problème de stock arriva rapidement. En effet, mon fournisseur voulait produire les urnes par lot de 300. De mon côté, j'avais déjà investi plusieurs milliers de dollars et je n'avais pas les ressources financières pour acheter autant d'urnes. Après négociation, nous sommes tombés d'accord sur un lot de 120 unités. J'ai dû me serrer la ceinture pour pouvoir en assurer le financement, mais j'étais convaincu du potentiel de mon produit. Cela me poussa à trouver de nouveaux clients. Je pris alors contact avec l'entreprise *Yves Légaré*[2]. Cependant, mon oncle décéda le jour de la présentation et je dus annuler la rencontre prévue. Néanmoins, je rencontrai Yves Légaré aux obsèques de mon oncle et j'en profitai pour lui parler de mes produits, mais il avait déjà une entente avec un partenaire. Je tentai alors ma chance auprès d'*Alfred Dallaire Mémoria*, mais il était assez difficile de les aborder, et ce, malgré mes contacts. Finalement, dans un élan de dernier espoir, en septembre 2009, je suis allé déposer une urne avec ma carte professionnelle directement à leur siège social.

L'automne 2009 fut plutôt un succès. Je n'avais toujours pas de nouvelles d'*Alfred Dallaire Mémoria*, mais je reçus deux commandes d'une douzaine d'unités chacune de la part de *Magnus Poirier*. Je profitai de cette fin d'année pour développer quelques produits pour *Bois et Bambou*.

2. Le *Groupe Alfred Dallaire* a été scindé en deux entités : *Alfred Dallaire Mémoria* et *Yves Légaré*.

Vers la fin de 2009, je reçus un appel d'*Alfred Dallaire Mémoria*. Ils étaient intéressés par les urnes et voulaient avoir plus de renseignements sur mes produits. J'ai donc rencontré l'une des responsables. Nous nous sommes entendus sur une commande initiale de douze urnes et, en échange d'un rabais, elles me furent payées immédiatement. Cela me permit de renouveler mes stocks. *Alfred Dallaire Mémoria* allait plus tard devenir mon meilleur client. Ensuite, en plus du *Groupe Magnus Poirier* et d'*Alfred Dallaire Mémoria*, j'ai également pénétré le marché des *Coopératives funéraires du Québec*. Je rencontrai le directeur général, monsieur Leclerc, lors de l'ouverture d'une coopérative à Montréal. Il avait été interviewé dans le reportage qui m'avait mis sur la piste des produits funéraires écologiques. Je connaissais donc déjà son intérêt pour des produits écologiques. D'ailleurs, il me conseilla de rencontrer le directeur de la *Coopérative funéraire des Deux Rives* à Québec, puisqu'il s'occupait de l'aspect écologique des coopératives. Bien que cette entreprise commanda quelques produits, j'étudiai la possibilité de faire affaire avec les 26 coopératives du groupe. J'ai donc élargi ma gamme de produits et amélioré mon cercueil. Reliquaires, urnes et cercueils : ma gamme était désormais complète !

L'année 2010 a aussi été l'occasion de commencer à prospecter les autres provinces du Canada ainsi que les marchés internationaux. Pour ce faire, je suis devenu membre de deux associations : le *Green Burial Council* (association américaine faisant la promotion de produits funéraires écologiques) et la *Canadian Funeral Trade Association* (association favorisant la distribution de produits funéraires). Grâce au *Green Burial Council*, mes produits sont actuellement présentés à Las Vegas. De plus, j'ai obtenu une certification écologique pour mes produits. Je travaille aussi en collaboration avec eux pour développer des critères de certification plus précis et respectueux de l'environnement. Quant au *Canadian Funeral Trade Association*, il m'a permis de présenter mes produits à la conférence des thanatologues ontariens qui eut lieu à Toronto en septembre 2010. Ces présentations me permirent de me faire connaître et de jeter les bases pour des partenariats futurs.

LES PROJETS

Je prévois continuer à développer ma clientèle pour *Cercueils Bambou*, mais aussi développer plus de produits pour *Bois et Bambou*. Je veux faire plus de voyages en Chine pour rencontrer mes fournisseurs et leurs sous-traitants et bien comprendre tout le processus de fabrication de mes produits, de la récolte du bambou jusqu'au produit final. À ce titre, je souhaite en apprendre plus sur le bambou afin de pouvoir appuyer mon discours avec des chiffres fiables. J'aimerais également mettre en place une certification équitable afin d'être certain que les employés chinois aient l'âge requis pour travailler, qu'ils soient correctement payés et qu'ils travaillent dans de bonnes conditions. Ces voyages seront aussi l'occasion d'améliorer la qualité de mes produits en montrant à mes partenaires les défauts que j'ai pu voir sur certains produits. De plus, je prévois bientôt pénétrer le marché de l'Ouest canadien, des États-Unis et, pourquoi pas, de la Grande-Bretagne, où les produits écologiques sont plus développés. Je suis aussi en discussion avec mes fournisseurs pour la fabrication de nouveaux produits en bambou comme des boîtes de vin et de chocolat. Si tout va bien, j'aimerais commercialiser ces produits à la fin de cette année pour la période des fêtes. Je suis d'ailleurs en discussion avec l'entreprise *Vin & Passion*. Les perspectives et les projets ne manquent pas !

> *ÊTRE ENTREPRENEUR POUR MOI, C'EST UN STYLE DE VIE.*

Être entrepreneur pour moi, c'est un style de vie. Dès que j'ai un temps libre, je pense à mes produits, à mes entreprises ou à de nouvelles idées. Je veux pouvoir vivre de cette passion qu'est l'Asie, et plus que tout, je veux pouvoir léguer quelque chose de bien à mes deux enfants.

CHAPITRE 7

SIMON LANDRY

POUSSE L'ANANAS

Maxime Guy et Simon Landry

SIMON LANDRY

FICHE PERSONNELLE

ENTREPRISE : Pousse l'ananas

SITE WEB : www.pousselananas.ca

DATE D'INCORPORATION : 1er janvier 2007 (ouverture du magasin le 16 juin 2007)

VOTRE MENTOR : Robert Denis (propriétaire du supermarché Provigo Robert Denis)

VOTRE MEILLEUR ATOUT : Mon partenaire dans le projet : Maxime Guy

CE QUI VOUS MOTIVE : le sourire et la bonne humeur des clients qui entrent chez Pousse l'ananas

VOTRE PLUS GRANDE FIERTÉ : l'ouverture de Pousse l'ananas et sa réussite

LA PREMIÈRE CHOSE À LAQUELLE VOUS PENSEZ QUAND VOUS VOUS LEVEZ LE MATIN : brancher la cafetière !

SI VOTRE ENTREPRISE ÉTAIT UN ANIMAL : bonne question... même s'il s'agit d'un animal fictif, je dirais le marsupilami pour son côté sympathique et exotique

SIMON LANDRY

POUSSE L'ANANAS

ÊTRE ENTREPRENEUR EN ALIMENTATION

Pousse l'ananas est une fruiterie située sur la rue Saint-Hubert à Montréal. À son ouverture en juin 2007, nous n'avions qu'une employée. Aujourd'hui, le commerce compte 12 employés à temps partiel et trois à temps plein, dont Maxime Guy et moi, les cofondateurs.

L'ADÉQUATION AVEC NOS VALEURS

Suite à la réaction générée par notre plan d'affaires en 2006, nous voulions mettre l'accent sur les produits biologiques et équitables. Il était primordial que notre entreprise soit à l'image de ce que nous sommes et qu'elle reflète nos croyances et valeurs. Cependant, il a fallu fonctionner avec la réalité du marché pour ne pas mettre en péril la viabilité du commerce. Nous vivons dans un système capitaliste et, moyennant certaines conditions, nous acceptons d'en faire partie. Ainsi, en posant des gestes à la hauteur de notre philosophie, nous tentons de faire évoluer les mentalités et les habitudes d'achat. Informer, éduquer, présenter des alternatives alimentaires à nos consommateurs, telle est la vocation de *Pousse l'ananas*. Nous faisons la promotion de produits biologiques, équitables et locaux. Il est évident que nous ne pouvons pas changer toute l'industrie agro-alimentaire à nous seuls, mais nous voulons faire une différence. Par ailleurs, nous ne pouvons pas reprocher aux personnes plus âgées d'être moins conscientisées, de continuer à prendre des sacs de plastique ou encore d'acheter des fruits et légumes provenant d'ailleurs, sans se soucier de la productivité saisonnière. Le développement durable est un phénomène générationnel. Nos parents et nos grands-parents ont grandi dans une mentalité de surconsommation pendant 50 ans. Par conséquent, il ne faut pas leur en vouloir de ne pas être les pionniers de ces nouvelles façons de faire. En ayant à cœur nos valeurs et la viabilité du commerce, nous espérons être en mesure d'insuffler le changement graduellement.

NOTRE GAMME DE PRODUITS

Chez *Pousse l'ananas*, nous donnons la priorité aux produits dits « écologiques ». Nous proposons donc une gamme complète de produits d'épicerie biologiques. Pour les fruits et légumes, nous offrons des produits biologiques et équitables, mais aussi des produits « réguliers ». En effet, notre emplacement et la demande des clients ne permettent pas de nous positionner comme une boutique spécialisée, telle que nous l'avions envisagé au départ. En revanche, *Pousse l'ananas* est située au bon endroit pour proposer cette consommation alternative, car la majorité de nos clients sont plutôt aisés financièrement et notre clientèle est constituée de jeunes professionnels, de mères de famille dans la trentaine et d'étudiants conscientisés.

De plus, lorsqu'il est possible d'offrir la qualité à prix compétitif, nous favorisons toujours un produit local à un produit provenant de l'extérieur de la province. Par exemple, durant l'été, nous proposons uniquement des fraises du Québec. Par contre, en hiver, nous sommes obligés de nous approvisionner avec des produits de l'extérieur. Les fruits et légumes sont un peu comme les actions à la bourse : la qualité et les prix fluctuent. Une caisse de salades peut nous coûter 800 % plus cher d'une saison à l'autre. Cependant, en tant que commerçants, nous ne pouvons pas faire varier les prix autant que les grossistes le font. Le client n'est pas prêt à payer ses fruits et légumes cinq fois plus cher parce que les intempéries de l'hiver ont compromis les récoltes. Par conséquent, il est primordial de savoir s'entourer de fournisseurs fiables, qui sauront vous réserver des produits rares et de qualité à un bon prix.

« IL ÉTAIT PRIMORDIAL QUE NOTRE ENTREPRISE SOIT À L'IMAGE DE CE QUE NOUS SOMMES ET QU'ELLE REFLÈTE NOS CROYANCES ET VALEURS.

LES PREMIÈRES EXPÉRIENCES ENTREPRENEURIALES

Grâce à des expériences diverses et variées tout au long de mon parcours scolaire et parascolaire, j'ai pu aiguiser ma fibre entrepreneuriale. Depuis toujours, j'aime concevoir, développer et mener à terme des projets. Durant mes études secondaires, peu d'activités culturelles nous étaient proposées. Comme j'aime jouer de la musique, j'ai eu l'idée de monter et de diriger un spectacle artistique de fin d'année où chacun avait l'occasion d'exposer son talent. Cela dura quatre ans. Il a fallu d'abord constituer l'équipe et faire passer des auditions. Puis, nous avons dû nous impliquer dans tous les éléments entourant un spectacle : la création des costumes, la mise en scène, la coordination des régisseurs, l'éclairage, etc. Malgré mon jeune âge, j'ai pu orienter une équipe de professionnels et avoir la coopération de tous, ce qui fut fort enrichissant.

À l'université, j'étais impliqué au sein du groupe *HumaniTERRE*, un organisme à but non lucratif axé sur le commerce équitable, le microcrédit et la promotion d'une conscience sociale en affaires. J'ai été coordonnateur du commerce équitable durant deux ans. Nous avons organisé plusieurs événements, tels que des foires du commerce équitable, des conférences, des colloques et des kiosques de vente. D'une part, j'ai pu constater qu'il était possible de démarrer des projets en lien avec mes valeurs et, d'autre part, que la plupart des individus sont ouverts et accessibles. Il ne faut pas hésiter à les solliciter, à aller chercher des conseils. Surtout, il ne faut jamais déclarer forfait avant d'avoir essayé, car plusieurs personnes sont prêtes à vous aider.

> *LE DÉVELOPPEMENT DURABLE EST UN PHÉNOMÈNE GÉNÉRATIONNEL.* »

Finalement, l'incubateur numéro un de ma vocation de créateur d'entreprise reste le profil entrepreneurial. Cela m'a permis de démarrer ma propre entreprise dès la fin de mes études. Une fois mon diplôme collégial obtenu, j'ai hésité à suivre une formation en histoire et jusqu'à la fin de la deuxième année de mon baccalauréat en administration des affaires, je ne savais pas vraiment ce que je voulais faire dans la vie. Maxime, mon partenaire et ami de longue date, avait le même genre de réflexion. Nous nous sommes alors inscrits dans le profil entrepreneur qui offre une spécialisation permettant de construire un projet d'affaires. Au début, comme la majorité de nos camarades, nous ne savions pas si le projet était réalisable. Cependant, au cours de l'année, la reconnaissance de nos pairs et de nos professeurs nous a permis de constater qu'il existait un réel potentiel pour *Pousse l'ananas*.

D'ailleurs, je recommanderais à tous les entrepreneurs en phase de prédémarrage de réaliser un plan d'affaires. Aujourd'hui, je suis en mesure de vous confirmer que les prévisions que nous avions faites se sont avérées exactes à 90-95%. De plus, l'élaboration de différents scénarios (optimiste, réaliste, pessimiste) permet de se préparer à toutes éventualités.

LA CRÉATION DE POUSSE L'ANANAS

LES PREMIERS PAS

Une fois les bases de l'entreprise établies, nous sommes partis à la recherche de financement. Nous avons obtenu 13 500 $ de bourses de la part des *Centres locaux de développement* (CLD), des *Centres de développement économique communautaire* (CDEC), de la *Fondation du maire de Montréal pour la Jeunesse* et de certains concours. Il nous fallait alors compléter notre montage financier et trouver un local. Pour ce faire, j'ai continué à travailler chez *IGA* pendant un an.

Je travaillais pour cette entreprise depuis l'âge de 15 ans et j'avais financé mes études en y occupant différents postes, d'emballeur à assistant-gérant. Enfin, nous avons réussi à louer, avec possibilité d'achat, un local situé sur la rue Saint-Hubert. En octobre 2009, nous en avons fait l'acquisition.

Nous avons ouvert *Pousse l'ananas* au début de l'été 2007, après deux mois de travaux que nous avons nous-mêmes réalisés. Nous voulions être en mesure de financer, comme tout commerce d'alimentation, notre important stock de départ. En effet, les pertes de produits sont relativement importantes en début d'activité. Il nous a fallu deux ou trois mois pour développer une clientèle régulière et stable. De plus, nous transformons le maximum de produits non vendus en plats cuisinés ou divers encas. Depuis janvier 2009, nous proposons des gâteaux, muffins, tartes et quiches à notre clientèle.

UN COMMERCE IMPLANTÉ DANS SON QUARTIER

Notre clientèle est largement composée d'habitants du quartier et de quelques clients commerciaux. Nous sommes distribués dans une dizaine de petits restaurants et dans quatre *Centres de la petite enfance* (CPE). En 2009, au niveau des particuliers, nous avons enregistré en moyenne 160 à 175 transactions par jour la semaine et entre 200 et 230 transactions la fin de semaine. Cela représente environ 1 200 à 1 400 clients par semaine.

Nous avons profité d'une croissance importante entre l'été 2008 et l'automne 2009. Étonnamment, les mois de janvier, février et mars sont de bons mois bien que le printemps et l'automne soient nettement les périodes les plus achalandées de l'année. Notre approche marketing repose largement sur le bouche-à-oreille, ce qui ne nous empêche pas d'effectuer de la publicité dans le quartier. Nous avons rapidement constaté que les annonces dans les journaux avaient peu d'impact sur la rentabilité. De plus, afin d'être fidèles à nos valeurs écologiques, nous ne voulions pas utiliser des affiches ou des circulaires. Aussi, nous proposons des rabais chez quelques commerçants de la *Plaza Saint-Hubert*, entre autres ceux qui véhiculent un message similaire au nôtre. Enfin, nous avions un partenariat avec une succursale de la *Société des Alcools du Québec* (SAQ). Nous disposions de paniers de pommes ornés de nos publicités sur les comptoirs de caisse. Cependant, suite à la reconfiguration de leur magasin, cette initiative a pris fin.

DEUX COFONDATEURS : UN VÉRITABLE ATOUT

Au début de *Pousse l'ananas*, Maxime et moi travaillions plus de 80 heures par semaine. Chacun faisait un peu de tout. Nous voulions être en mesure de faire fonctionner la boutique de A à Z, en connaître tous les rouages, de l'approvisionnement jusqu'à la vente au client. Avec le temps et la croissance du commerce, une certaine départementalisation s'est installée. Maxime est davantage responsable du marketing et de la livraison à notre clientèle commerciale. Quant à moi, je suis plutôt responsable de la comptabilité et des ressources humaines.

Côté approvisionnement, je m'occupe des produits laitiers et des produits d'épicerie et les fruits et légumes sont plutôt sous la responsabilité de Maxime. Avec le soutien des employés, nous travaillons désormais 60 à 65 heures par semaine et, depuis l'été dernier, nous prenons, à tour de rôle, une fin de semaine sur deux de congé.

À cause des horaires chargés, notre partenariat est un véritable atout. Nous nous soutenons dans les moments plus difficiles.

> *APRÈS TOUT, ÊTRE ENTREPRENEUR C'EST PRENDRE DES PARIS ET C'EST MODELER À SA GUISE LA SOCIÉTÉ DANS LAQUELLE ON ÉVOLUE.* «

L'EXPANSION À VENIR

Il est toujours difficile de prévoir l'avenir, mais nous avons beaucoup de plaisir à travailler ensemble. Nous sommes passionnés et nous voulons faire croître l'entreprise. Compte tenu de notre base de clients réguliers, nous envisageons l'ouverture d'un deuxième point de vente à Montréal. Il ne reste qu'à déterminer le lieu.

J'ai peu de craintes quant à l'avenir : notre situation financière est stable, d'autant plus que nous disposons du levier financier qui est lié à la propriété de notre local. Le pire qui pourrait nous arriver à l'ouverture du deuxième point de vente serait de perdre un peu d'argent. Il me semble qu'il y a des événements dans une vie bien plus troublants ! Après tout, être entrepreneur c'est prendre des paris et c'est modeler à sa guise la société dans laquelle on évolue.

CHAPITRE 8

ÉRIC SIMONEAU

MOTION COMPOSITES

ÉRIC SIMONEAU

FICHE PERSONNELLE

ENTREPRISE : Motion Composites Inc.

SITE WEB : www.motioncomposites.com

DATE D'INCORPORATION : janvier 2005

VOTRE MENTOR : Richard Mourand

VOTRE MEILLEUR ATOUT : savoir s'entourer des bonnes personnes

CE QUI VOUS MOTIVE : la croissance de mon entreprise

VOTRE PLUS GRANDE FIERTÉ : avoir remporté la distinction du meilleur produit de mobilité au Canada

LA PREMIÈRE CHOSE À LAQUELLE VOUS PENSEZ QUAND VOUS VOUS LEVEZ : je préfère penser le soir, le matin je passe au travers du « To Do »

SI VOTRE ENTREPRISE ÉTAIT UN ANIMAL : le guépard, notre vitesse d'action nous distingue de tous nos compétiteurs

MOTIONCOMPOSITES

ÉRIC SIMONEAU

MOTION COMPOSITES

J'ai toujours su que je voulais être entrepreneur. Très jeune, j'aimais concevoir, développer et inventer. J'ai été pendant longtemps à la recherche de produits pouvant être améliorés, jusqu'au jour où mon partenaire David Gingras et moi avons constaté qu'un fauteuil roulant pouvait peser jusqu'à 45 livres. Cela n'avait aucun sens pour des usagers à mobilité réduite, d'autant plus que la technologie pour en diminuer le poids existait déjà. C'est à la suite de ce constat que *Motion Composites* est née en 2004.

HÉLIO, LE FAUTEUIL DE RÉADAPTATION LE PLUS LÉGER AU MONDE

Chez *Motion Composites*, nous fabriquons des fauteuils roulants de réadaptation pour des personnes qui doivent composer avec des incapacités permanentes. En plus de fabriquer des fauteuils roulants qui peuvent peser jusqu'à 40 % de moins qu'un fauteuil régulier, nous nous ajustons à la réalité de chaque client en offrant des fauteuils faits sur-mesure. D'ailleurs, notre formulaire de commande compte plus d'une centaine d'options, telles la largeur du fauteuil, la profondeur, la couleur, la toile du siège ou du dossier, etc.

Sur le marché québécois de la réadaptation, le coût des fauteuils roulants est largement pris en charge et défrayé par la *Régie de l'assurance maladie du Québec* (RAMQ). C'est d'ailleurs notre principal client. Notre distribution se fait via le réseau de la santé, notamment par l'entremise des centres de réadaptation et des ergothérapeutes. Ces derniers évaluent les besoins et les attentes de l'utilisateur. Ensemble, ils déterminent le fauteuil roulant le plus adéquat et il nous reste ensuite à le fabriquer et à le livrer, un mois plus tard. La relation de confiance et le suivi que nous avons avec eux sont primordiaux. De plus, les commentaires et les suggestions des thérapeutes et des usagers nous permettent, d'une part, d'apporter des modifications et des améliorations et, d'autre part, de développer de nouveaux produits. Ainsi, quatre fauteuils sont actuellement à l'étude par notre équipe d'ingénierie.

Depuis juillet 2008, nous commercialisons *Hélio*, le premier d'une gamme complète de fauteuils qui bénéficient des caractéristiques des matériaux composites.

La structure et les composantes d'*Hélio* sont brevetées au niveau mondial (*Patent Cooperation Treaty*). *Hélio* est le fauteuil de réadaptation le plus léger au monde.

RECHERCHE ET DÉVELOPPEMENT

Une fois que le projet d'entreprise fut défini, notre premier enjeu a été d'appliquer la technologie des matériaux composites à la fabrication de fauteuils roulants. De la fin de l'année 2004 jusqu'au début de la commercialisation en juillet 2008, nous avons conçu, prototypé et testé *Hélio*, afin qu'il pèse quinze livres de moins qu'un fauteuil standard. Croyez-moi, quatre ans devant un ordinateur, c'est long !

C'est en apprenant à connaître et à maîtriser les différentes contraintes et propriétés du composite que nous en sommes venus à repenser la conception d'un fauteuil de réadaptation. C'est là qu'a été tout le défi. Par exemple, contrairement à l'aluminium, on ne peut pas percer les tubes de composite à divers endroits pour ajuster le fauteuil selon les besoins de l'usager. En nous questionnant sur la conception du fauteuil, nous avons pu régler plusieurs problèmes et améliorer l'autonomie et la mobilité des personnes souffrant d'incapacités permanentes. *Hélio* facilite, entre autres, la propulsion des utilisateurs. Ce long processus de recherche et de développement a sans doute découragé nos concurrents à investir d'importantes ressources à long terme. De plus, une fois que le prototype d'*Hélio* fut présenté au gouvernement, l'amélioration de la qualité du produit a été notre leitmotiv. Jusqu'à environ deux mois de cela, le département de recherche et de développement était mobilisé à bonifier le produit fini et à tester notre capacité de réponse en cas de bris par exemple.

LA COMMERCIALISATION

Notre entente avec la RAMQ exigeait que nous satisfassions la demande à l'échelle du Québec. Ce fut tout un défi puisque nous avons reçu quinze commandes durant la semaine suivant cet accord. Comme nous étions en train de perfectionner le prototype, il nous a fallu deux mois pour produire et commercialiser un fauteuil de qualité. En décembre 2008, nous comptions sur une vingtaine d'employés pour arriver à combler le retard accumulé dans notre livret de commandes.

LA PRODUCTION

Durant les premiers mois de l'entreprise, nous fabriquions toutes les pièces d'*Hélio* : appuis-pieds, structures en composite, dossiers, coussins, etc. Nous nous occupions, par exemple, de gérer l'ensemble du processus de fabrication des appuis-pieds : l'achat des tubes de métaux, le détrempage, le pliage, le soudage, la peinture et l'assemblage. Tout cela prenait du temps, beaucoup de temps. Ainsi, nous devions compter au moins deux mois avant de disposer d'appuis-pieds. Pour gagner en efficacité et respecter les attentes de nos clients, nous devions changer nos façons de faire. Nous devions notamment améliorer notre processus de production. C'est là que nous avons eu recours à l'impartition de certaines des pièces. Ainsi, désormais, à intervalles réguliers, nos fournisseurs nous livrent les pièces déjà assemblées. Du coup, non seulement nous avons gagné en efficacité, mais nous n'avons plus de problème d'épuisement de stock.

Nous avons donc réalisé qu'il valait mieux se concentrer sur notre expertise et faire confiance à des partenaires sérieux pour le reste. Ainsi, si on ne dispose pas d'une technologie particulière pour usiner une pièce donnée, il vaut mieux trouver un partenaire qui l'usinera pour nous à moindre coût et selon de hauts standards de qualité. Faire affaire avec des sous-traitants nous a permis d'augmenter la qualité de notre produit et d'accroître notre capacité de production. Nous pouvons maintenant fabriquer *Hélio* en deux heures. L'impartition nous a également permis de réduire le délai de livraison à seulement trois semaines et de produire trois fois plus qu'avant, avec deux fois moins d'employés.

NOUS AVONS DONC RÉALISÉ QU'IL VALAIT MIEUX SE CONCENTRER SUR NOTRE EXPERTISE ET FAIRE CONFIANCE À DES PARTENAIRES SÉRIEUX POUR LE RESTE. «

L'ÉQUIPE

Outre notre réseau de partenaires et de sous-traitants, notre équipe compte une dizaine de personnes à la production, à l'ingénierie et aux ventes. David Gingras, cofondateur et vice-président aux opérations, ainsi que Pierre-André Couture, concepteur d'innovations pour *Motion Composites* depuis le premier jour, sont responsables du département d'ingénierie et de recherche et développement. Pour ma part, je m'occupe davantage du financement, du développement de marché et de la commercialisation d'*Hélio* au Canada et, prochainement, sur les marchés français et états-unien. Le Québec est présentement desservi par plusieurs représentants. De plus, nous faisons souvent appel à des consultants expérimentés qui sont experts dans des domaines qui nous sont moins connus. Plusieurs entrepreneurs n'aiment pas s'entourer de personnes qui sont meilleures qu'eux et craignent de perdre le contrôle et la primauté de la prise de décisions. Pourtant, lorsqu'on est une jeune entreprise, les avantages d'une telle approche supplantent très largement les inconvénients liés au partage d'informations stratégiques. En fait, dès qu'un désaccord entre David et moi survient, nous allons chercher des conseils à l'externe. Plutôt que de départager la solution A de la solution B, on nous soumet une solution C qui s'avère souvent bien meilleure que nos solutions A et B réunies. Aussi, depuis l'automne dernier, nous avons mis sur pied un comité de planification et nous exposons à ces consultants expérimentés nos différentes problématiques et nos enjeux. Nous écoutons ensuite leurs conseils et nous les appliquons. Il est facile après quatre ans de se dire que personne ne connaît mieux l'entreprise que ses fondateurs. Or, une personne externe saisira une situation donnée d'une autre façon, ou encore, mettra en lumière des aspects qui n'avaient pas été identifiés jusque-là.

À CHACUN SA SPÉCIALISATION

Durant les débuts de *Motion Composites*, David et moi travaillions très étroitement et mettions toutes nos énergies dans une seule et même action, comme cela a été le cas pour l'obtention du brevet. Désormais, les tâches sont plus nombreuses et nous nous sommes spécialisés. Pour des décisions mineures, l'opinion de celui qui a l'expertise dans le domaine concerné prime. J'ai un peu plus de poids dans les décisions de stratégies de vente et de financement tandis que les choix relatifs à la fabrication, au prototypage et au développement incombent davantage à David. Cette spécialisation reflète l'expertise acquise lors de nos formations universitaires. David est diplômé de l'*École de technologie supérieure* (ÉTS) et a complété sa technique en matériau composite. Quant à moi, j'ai commencé mes études en ingénierie en me disant que tous les développeurs, inventeurs et concepteurs de ce monde étaient des ingénieurs. Après une session en génie informatique à l'*Université de Sherbrooke*, j'ai démarré une entreprise de peinture étudiante. Cette expérience m'a appris beaucoup de choses qui ont été bénéfiques pour *Motion Composites*. Que tu sois à la tête d'une petite entreprise ou d'une multinationale, tu dois toujours apprendre à composer avec les mêmes problématiques et savoir relever les mêmes défis. J'ai donc été conduit à faire du porte-à-porte pour vendre des contrats, à négocier avec des clients, à embaucher du personnel, à gérer des processus et, parfois, à congédier des employés. J'ai aussi été conduit à composer avec des imprévus et à esquisser des solutions. À mon avis, un bon entrepreneur est celui qui est capable de gérer les problèmes et de prendre les bonnes décisions au regard d'un contexte qui est toujours particulier.

Ensuite, je suis entré à l'*École Polytechnique* en génie industriel où l'enseignement m'est apparu beaucoup trop théorique. Puis, toujours en quête d'une certaine liberté d'action, je me suis inscrit à *HEC Montréal*. Ce fut une décision plutôt difficile à prendre, puisque les ingénieurs, en général, dénigrent souvent le domaine de l'administration. Ce n'est qu'après avoir commencé mon parcours universitaire que j'ai appris qu'il existait une spécialisation en entrepreneuriat et que j'allais, enfin, pouvoir combiner mes intérêts et mes passions. En 2004-2005, alors que j'étais étudiant en troisième année, j'ai démarré *Motion Composites*. C'est là que la spécialisation dans le profil entrepreneurial me fut d'un grand secours.

En effet, le plan d'affaires construit dans ce profil me permettait de donner des bases solides à mon entreprise. D'ailleurs, notre stratégie actuelle a été largement définie à l'époque.

» UN BON ENTREPRENEUR EST CELUI QUI EST CAPABLE DE GÉRER LES PROBLÈMES ET DE PRENDRE LES BONNES DÉCISIONS AU REGARD D'UN CONTEXTE QUI EST TOUJOURS PARTICULIER.

Par ailleurs, avoir un bon plan d'affaires était certes un atout, mais ce n'était pas suffisant pour assurer la viabilité de l'entreprise. Je devais également trouver du financement. Au stade de prédémarrage, nous avions besoin de fonds pour breveter notre idée, pour acheter un ordinateur et pour amorcer le prototypage d'*Hélio*. Or, il n'existe que très peu de subventions destinées à cette première phase du démarrage. Néanmoins, nous avons réussi à obtenir 50 000 $ en bourses, dont 30 000 $ dans le cadre du *Concours Pierre Péladeau*. *Motion Composites* a également remporté le septième *Concours québécois en entrepreneuriat* dans la catégorie *Innovations technologiques et techniques*. Plus récemment, en 2009, l'*Ordre des ingénieurs du Québec* nous a élus « génie innovateur ». Ces différentes reconnaissances symboliques et financières ont été un véritable levier pour la suite de notre montage financier.

LE PERPÉTUEL DÉFI DU FINANCEMENT

Si les bourses reçues nous ont permis de financer les premières recherches, nous devions également trouver des partenaires financiers de façon à assurer la viabilité de l'entreprise. En premier lieu, nous avons pensé au capital de risque. Pour être admissible, il était nécessaire d'avoir une équipe établie, de détenir un brevet pour la technologie développée et une preuve d'intérêt du marché telles des lettres de futurs clients. Aussi, nous devions présenter un prototype du produit. Comme nous étions encore en phase de recherche et de développement — notre prototype n'allait être prêt que trois ans plus tard —, nous avons alors pensé que la solution à nos problèmes de financement se trouvait du côté des anges financiers. Ces derniers nous auraient financé jusqu'à 200 000 $, et se seraient portés garants auprès des détenteurs de capitaux de risque, de qui nous espérions obtenir 1 000 000 $ pour les installations et la commercialisation. Finalement, l'un d'eux a eu confiance dans le potentiel de *Motion Composites* et nous a financés intégralement.

Le capital de risque nous a également permis d'accéder à d'autres sources de financement, comme les programmes gouvernementaux et les acteurs de développement locaux : *Achigan-Montcalm* (165 000 $), le *Conseil national de recherche et développement économique Canada* (129 000 $), le *Centre local de développement de Montcalm* (50 000 $) et le programme *Jeunes Promoteurs* (8 000 $). En fin de compte, il nous aura fallu huit mois pour compléter le montage financier, terminé en mai 2007. Durant cette période, nous n'avons touché aucun salaire; toutes les liquidités étaient investies dans l'entreprise. Nous avions en revanche un emploi à temps partiel.

Récemment, nous avons envisagé une troisième vague de financement pour assurer la commercialisation à grande échelle. Cependant, nous ne voulions pas réduire le pourcentage du capital que nous détenions. Nous préférions donc autofinancer notre croissance même si nous sommes toujours à la recherche de subventions pour financer la phase de recherche et de développement.

Depuis le début de 2010, *Motion Composites* connaît ses premiers mois de profitabilité. De plus, une esquisse de rythme de vie plus conforme à la normale se profile : jusqu'à la fin de 2009, nous travaillions sept jours sur sept, 100 à 110 heures par semaine. Désormais, nous pouvons prendre nos fins de semaine et deux à trois semaines de vacances annuellement. La belle vie, quoi !

NOUS DÉVELOPPONS DES FAUTEUILS ROULANTS QUI AMÉLIORENT LA QUALITÉ DE VIE DE CEUX QUI LES UTILISENT ET J'EN SUIS FIER. »

MOTION COMPOSITES DANS CINQ ANS

Bien que les liquidités soient une préoccupation constante, j'espère que dans cinq ans, *Motion Composites* sera présente sur l'ensemble des marchés internationaux. Depuis que l'entreprise est sortie de la phase de production, nous pouvons maintenant développer son aspect commercial. D'ici cinq ans, nous distribuerons sans doute quatre nouveaux produits en plus d'*Hélio*. À long terme, nous envisageons même de proposer à nos partenaires des produits connexes, comme des coussins ou autres accessoires.

Sur un plan sociétal, j'aimerais que d'ici quelques années, *Motion Composites* ait un impact important auprès de la communauté. Certains font des voyages militants, d'autres s'impliquent dans des associations. Quant à moi, je préfère dédier ma carrière et mes valeurs à des causes qui m'animent. Nous développons des fauteuils roulants qui améliorent la qualité de vie de ceux qui les utilisent et j'en suis fier. Aussi, dans un avenir rapproché, je souhaite que *Motion Composites* soit en mesure de donner 15 000 $ à un téléthon. De plus, nous essayons d'être proches des communautés avec lesquelles nous travaillons. Si nos employés ont des difficultés personnelles, nous les aidons autant que possible. Enfin, nous avons à cœur d'avoir une belle empreinte sur la société, tant au niveau personnel que sur le plan commercial.

Comme vous pouvez le constater, ce ne sont pas les défis qui manquent ! Nous aimerions que le développement de l'entreprise soit toujours plus rapide et que nous puissions conserver le dynamisme qui anime l'entreprise. La patience est une qualité dont il faut s'armer pour réussir !

CHAPITRE 9

MARTINE GROULX

LAZY AT WORK
CAMAROMANCE

MARTINE GROULX

FICHE PERSONNELLE

ENTREPRISES : Lazy at Work et Camaromance

SITES WEB : www.lazyatwork.com et www.camaromance.com

VOS MENTORS : Bruce Hackenbeck et Jean-Robert Bisaillon

VOTRE MEILLEUR ATOUT : ma capacité d'adaptation

CE QUI VOUS MOTIVE : les défis, les redressements d'entreprises, les nouveaux projets !

VOTRE PLUS GRANDE FIERTÉ : The Parade, mon dernier album de Camaromance

LA PREMIÈRE CHOSE À LAQUELLE VOUS PENSEZ QUAND VOUS VOUS LEVEZ : qu'est-ce qu'on fait ?

MARTINE GROULX

LAZY AT WORK
CAMAROMANCE

L'industrie de la culture — et celle de la musique en particulier — est en mutation depuis quelques décennies. Les restrictions budgétaires importantes imposées par les gouvernements (40 M$ lors des élections fédérales de 2008) et la baisse générale des ventes de disques incitent l'industrie à se réinventer. La réactivité et la capacité d'adaptation sont des caractéristiques qu'il incombe de posséder. De plus, la plupart des Canadiens ne réalisent pas l'impact qu'a la culture sur nos sociétés, notamment en termes de diversité et de créativité. La culture est essentielle à la prospérité d'un pays et ne peut être mesurée uniquement par rapport à des considérations économiques.

LA SÉCURITÉ D'EMPLOI N'EXISTE PAS DANS CE SECTEUR, MAIS IL Y A NÉANMOINS UNE DIVERSITÉ D'OPTIONS STIMULANTES. «

Malgré ce climat très difficile, certains continuent d'œuvrer dans le milieu de la culture. La sécurité d'emploi n'existe pas dans ce secteur, mais il y a néanmoins une diversité d'options stimulantes. Pour ma part, j'aime le changement, la flexibilité et la liberté de choix qui nous sont offerts. D'ailleurs, je suis convaincue que l'on peut faire à peu près tout ce que l'on veut dans la vie pourvu qu'on ait les moyens de nos ambitions. Je me suis beaucoup réinventée tout au long de ma carrière. J'ai développé divers projets, du studio d'enregistrement à la maison de disques en passant par l'écriture, le chant et la scène. Dans mon cas, travailler dans l'industrie culturelle s'apparente grandement à la gestion de projets. Pour chaque nouvelle idée, il faut évaluer sa pertinence et mettre en place les éléments menant à sa réalisation. Une fois le projet achevé, il faut procéder à une analyse qui nous permettra d'identifier nos erreurs et de tirer les leçons d'usage qui seront bénéfiques dans le cadre de la réalisation de projets futurs. Nous sommes alors en mesure de nous atteler à un nouveau projet.

Contrairement à la croyance populaire selon laquelle la vocation pour l'art est innée, je suis tombée dans le monde de la musique tout à fait par hasard.

Jusqu'à l'âge adulte, je n'étais pas, à priori, une artiste en devenir ou une passionnée des arts au point d'envisager d'y faire carrière. C'est en fait à l'âge de 16 ans que j'ai fait mes premières expériences artistiques. Mes amis avaient un groupe de musique et avaient enregistré un album. Ils avaient produit 500 copies, mais ils ne savaient pas comment faire pour les vendre. À vrai dire, moi non plus ! C'est pour éviter ce genre de scénario aux artistes émergents et pour soutenir la scène locale que j'ai voulu m'investir dans l'industrie de la musique.

MON PREMIER PROJET : BLIND RECORDS

Forte de mes premières expériences dans le secteur de la musique, j'avais l'ambition de créer ma propre entreprise dédiée à la culture. À la suite de ma graduation en entrepreneuriat en 1999 à *HEC Montréal*, j'ai ouvert ma maison de disques, *Blind Records*, que j'ai dirigée jusqu'en 2001. J'ai produit, édité et distribué quelques albums malgré la difficulté de trouver des artistes motivés et persévérants. La plupart de ceux qui commencent s'imaginent que seul le talent suffit. Or, pour réussir, il faut énormément de travail. Les artistes qui sont aujourd'hui reconnus partout au Canada ne le sont pas par hasard. Ils ont fourni, et fournissent encore, de multiples efforts.

Après mes deux premières années au sein de *Blind Records*, j'ai décidé de m'impliquer dans d'autres projets. Jeune et fraîchement diplômée, j'avais tendance à me prendre un peu trop au sérieux alors qu'il me restait beaucoup à découvrir. Pourtant, les erreurs commises à cette époque ont nourri la suite de ma carrière. En effet, j'ai eu tendance à embarquer trop rapidement dans des projets, sans m'assurer au préalable de la garantie d'un retour sur mon investissement. En ce sens, réaliser une étude de marché sérieuse peut éviter de nombreux faux pas.

J'ai également pu constater qu'il n'était pas sage de sortir un album à la hâte. Une promotion adéquate d'un album de musique prend du temps. Un lancement de disque peut techniquement avoir lieu une quinzaine de jours après la fin de l'enregistrement en studio. Par contre, ce court délai ne permet pas aux autres intervenants du milieu ni aux divers partenaires de faire leur travail. Les journalistes musicaux reçoivent plusieurs albums par semaine et l'échéancier serré de certains projets les prive de faire une promotion adéquate. De même, rendre disponible un album via les distributeurs numériques comme *iTunes* prend environ deux mois. Le processus qui suit l'enregistrement d'un album est souvent négligé lorsqu'on débute dans l'industrie de la musique. Si on souhaite que la scène locale prenne de l'importance, il faut travailler en équipe, tant avec nos partenaires qu'avec les journalistes et les stations de radio, les agents, les salles de spectacle, etc. Il est essentiel de préserver sa communauté.

DE CARTEL PRODUCTIONS À LA SOPREF

En 2002, alors que je gérais un studio de photos de mode et que je travaillais comme consultante, je suis devenue copropriétaire du studio d'enregistrement *Cartel Productions*. Des artistes tels que Patrick Watson, Clayton MacDonald et Maia Davies ont enregistré leurs albums dans notre studio. Aussi, suite aux encouragements des artistes que je côtoyais, j'ai décidé d'enregistrer *Empty Picture Frames*, le premier album de *Camaromance* qui fut composé avec Gabriel Rousseau. Je ne m'attendais pas à devenir artiste. J'ai commencé dans l'industrie de la musique au début de la vingtaine et je n'avais jamais envisagé de faire carrière dans ce domaine. Mais lorsque la *Société pour la promotion de la relève musicale de l'espace francophone* (SOPREF) m'a proposé de distribuer *Empty Picture Frames*, j'ai sauté sur l'occasion! Cependant, cette même année, le principal subventionnaire de *Cartel Productions* a effectué des coupures dans ses financements. L'entreprise, n'étant donc plus rentable, nous avons été contraints de fermer le studio.

En avril 2006, après avoir travaillé pendant un certain temps au lancement d'un site de musique indépendante pour *Astral Média*, j'ai eu l'opportunité d'intégrer la SOPREF. Je siégeais jusqu'alors sur le conseil d'administration de l'organisme dont les objectifs étaient d'aider les artistes à se perfectionner et de veiller à la distribution de leur musique. Lorsque la directrice générale a donné sa démission, son poste m'a été proposé. J'ai dû procéder à une restructuration d'envergure afin de minimiser les impacts de la faillite technique, celle-ci étant survenue suite à la perte d'une importante subvention et d'une croissance mal encadrée. Le service de distribution se révélait déficitaire et les cadres qui travaillaient à l'époque n'étaient pas formés en gestion. À mon arrivée, la SOPREF avait accumulé des dettes auprès de 3 000 artistes. J'ai alors décidé de les convoquer, de leur expliquer la situation et de leur présenter les solutions envisagées. Afin de pouvoir les rembourser, j'ai dû effectuer de nombreuses mises à pied et modifier les méthodes de travail. Il a également été nécessaire de faire beaucoup de *lobbying*, tant auprès des gouvernements que des médias. Le *lobbying* est un levier qui permet d'accroître la pression exercée tant au niveau fédéral que provincial. Nous souhaitions trouver du financement pour compenser la perte absorbée par les artistes. Nous espérions également transformer les modes de financement. En effet, les subventions du gouvernement pour la culture sont attribuées annuellement et exigent la rédaction de nombreux rapports détaillés qui expliquent l'utilisation de ces fonds. Or, plus on investit du temps pour satisfaire les exigences administratives, moins on a de temps à consacrer au développement et au soutien de la culture. Nous proposions donc que ces subventions soient accordées pour une période de trois ans afin que les organismes soutenant la culture puissent établir des plans à plus long terme. Après deux ans d'activités de *lobbying*, nous avons été en mesure de rembourser aux artistes 35 % de ce qu'on leur devait.

Dans la foulée de la restructuration et de mes 90 heures de travail par semaine, *Different Paths*, deuxième opus de *Camaromance,* se retrouve sur les ondes. Un an plus tard, en décembre 2007, j'ai laissé la direction générale de la SOPREF tout en demeurant au sein de l'organisme en tant que présidente du conseil d'administration, jusqu'à sa fermeture à l'été 2009.

Avec le recul, je suis convaincue que lorsque la situation est difficile, il faut avoir le courage de communiquer, de souligner nos erreurs et de proposer des alternatives. Laisser mourir une situation problématique n'est jamais une option. Pour être respecté par ses pairs, il est primordial d'être honnête et transparent. Bien sûr, à cause des mesures drastiques que j'ai dû imposer, je n'étais pas aimée de tous. En revanche, j'ai acquis la reconnaissance de mes pairs. Aujourd'hui, plusieurs années après cette expérience, je suis encore connue comme « Martine de la SOPREF ».

Après cette expérience, j'ai décidé de revenir à la gestion et de créer une entreprise de consultation spécialisée en culture et en *Web*. Mon plus gros client est la maison de disques indépendante *C4 Productions*. À la hauteur de 20 à 25 heures par semaine, j'agis en tant qu'agente de promotion *Web*. Je fais aussi de la comptabilité et des demandes de subventions puisque j'ai acquis dans ces domaines un véritable savoir-faire ! De plus, différents artistes sollicitent mes services pour leur promotion *Web* et pour du placement média. Enfin, je propose des formations aux artistes pour leur apprendre à améliorer leurs compétences professionnelles et à gérer adéquatement leurs projets. Je les aide, en quelque sorte, à devenir entrepreneurs.

LAZY AT WORK

En 2009, j'ai cocréé une nouvelle maison de disques qui œuvre principalement dans le numérique. *Lazy at Work* a alors pour vocation d'offrir de la musique sur des plates-formes internet comme *iTunes*. Nous sommes aussi présents dans les grands magasins. *Lazy at Work* accompagne les artistes au moment de la mise en marché, mais ne les aide pas à produire leur album. Nous cherchons perpétuellement à découvrir de nouveaux talents et c'est pourquoi nous travaillons beaucoup avec des artistes peu connus et peu expérimentés, le temps d'un album seulement. Au moment de leur deuxième album, alors qu'ils disposent d'une renommée relative, nous les amenons à signer avec une étiquette plus importante. Le réseautage dans ce milieu est réellement la clef du succès. J'assiste à de nombreux spectacles et je siège sur de nombreux jurys de concours de musique, tels le *Gala de l'alternative musicale indépendante du Québec* (GAMIQ) ou encore le *Festival des Francouvertes*. Par l'entremise de ces initiatives essentielles à l'essor de la musique indépendante, il nous est possible de découvrir des talents prometteurs. Par exemple, au *Festival des*

Francouvertes, les membres du jury doivent sélectionner 21 artistes sur les 300 retenus pour ensuite désigner un grand gagnant. J'ai donc la chance d'écouter 300 projets différents, ce qui représente un potentiel de clientèle incroyable !

En un an, *Lazy at Work* a travaillé à la distribution des albums de six artistes différents dont *Camaromance* avec la sortie du troisième album intitulé *The Parade*. Me voilà donc repartie en tournée promotionnelle pour environ deux ans et, à priori, 75 spectacles à travers le Canada !

LA RÉTROSPECTIVE

J'ai eu la chance de gérer divers projets et de toucher à différentes sphères de la musique. C'est un parcours plutôt rare dans ce secteur où l'on se concentre bien souvent sur un secteur particulier de l'industrie (création, production, distribution, promotion, etc.) Ayant moi-même développé mon projet musical, je comprends bien les difficultés auxquelles font face les artistes avec qui je travaille. Cela facilite un climat de confiance. En outre, ma formation universitaire en gestion m'a permis d'acquérir des connaissances utiles, un véritable atout dans un domaine où les chiffres sont pratiquement absents des processus décisionnels. Or, comme le dirait n'importe quel entrepreneur, sans une bonne comptabilité, l'entreprise ne pourra croître efficacement. Il est donc important de prendre du recul et d'éviter de trop se laisser aveugler par la passion qui nous anime.

J'aime travailler avec les artistes, car ce sont des personnes inventives, créatives et rêveuses. J'aime embarquer dans des projets qui semblent fous et impossibles à réaliser. Mon rôle est de déterminer comment les concrétiser. Je dois, par contre, accepter d'être la personne qui parfois met fin aux rêves, celle qui, de par ses préoccupations plus « terre-à-terre », déclare que l'idée est trop ambitieuse et que nous ne pouvons pas la réaliser faute de temps ou de ressources.

> *J'AIME TRAVAILLER AVEC LES ARTISTES, CAR CE SONT DES PERSONNES INVENTIVES, CRÉATIVES ET RÊVEUSES. J'AIME EMBARQUER DANS DES PROJETS QUI SEMBLENT FOUS ET IMPOSSIBLES À RÉALISER.*

De plus, pour survivre dans ce milieu, il faut être à l'aise avec la fluctuation des activités de l'industrie musicale. Dépendamment des projets, il est possible de travailler une centaine d'heures certaines semaines, ou une vingtaine d'heures d'autres semaines. Il faut aussi réaliser que dans ce domaine, on ne fait généralement pas beaucoup d'argent. Même des artistes aujourd'hui reconnus portent plusieurs chapeaux. Par exemple, Fred Fortin, outre la production de ses propres albums, est aussi réalisateur et musicien pour d'autres artistes.

Devant cette multiplicité d'activités, il n'est pas évident de prévoir des périodes de tranquillité ou d'envisager à l'avance des moments de réflexion nécessaires à l'écriture ! J'apprécie en revanche avoir le loisir de faire mon propre horaire, mais plus encore, j'aime le changement qu'implique mon choix de carrière; une semaine ne ressemble jamais à la précédente.

LE FUTUR

Je ne me considère pas comme une dirigeante d'entreprise. Je suis entrepreneure dans le sens où j'aime créer, démarrer de nouveaux projets, et, lorsque cela fonctionne, j'aime alors voguer vers d'autres aventures ! Une entreprise c'est ennuyeux lorsqu'il n'y a aucun problème à régler ou des défis à relever ! Il m'est difficile d'anticiper ce que l'avenir me réserve, mais j'ai tendance à me lancer dans un nouveau projet tous les deux ans. Je ne sais pas comment l'aventure *Lazy at Work* va évoluer. Cela dépendra également des ambitions et aspirations du cofondateur. Par contre, je continuerai à œuvrer comme consultante au sein de mon entreprise de gestion. Pour l'instant, la collaboration avec *C4 Productions* est stimulante puisqu'on a toujours des projets à réaliser.

En ce qui concerne ma carrière artistique, *The Parade* va certainement être le dernier album. Créer, produire, distribuer et promouvoir un album est très dispendieux et le retour sur investissement est assez faible. J'arrive à une étape de ma vie où je souhaiterais investir dans d'autres activités comme les voyages, la découverte de nouvelles cultures et de nouveaux pays.

Même si je change souvent d'idée, je m'imagine à plus long terme accroître mon expérience dans le *Web* et même intégrer une PME. Je pourrai aussi plonger dans le monde des organismes subventionnaires avec lesquels je fais présentement affaire ou encore soutenir les entrepreneurs sous la bannière des centres locaux de développement.

En guise de conclusion, j'invite tous les futurs entrepreneurs à ne pas sous-estimer l'importance du réseautage, car on ne peut rien réaliser seul. De plus, côtoyer des personnes qui ont de l'expérience dans notre domaine nous permet de bénéficier d'aide et de conseils, et d'ainsi éviter un grand nombre d'erreurs. Par exemple, lorsque l'on débute en tant que distributeur, comment savoir si promouvoir un artiste dans la revue *Night Life* est une bonne idée? Comment connaître la meilleure façon d'annoncer un concert qui a lieu dans une petite ville à l'autre bout du pays? Une façon de faire est, par exemple, de contacter un collègue distributeur qui aurait envoyé récemment un de ses artistes à cet endroit. Bien qu'il soit techniquement votre compétiteur, cela ne lui coûte rien de partager quelques-uns de ses trucs et astuces. D'autant plus qu'à la prochaine occasion, ce sera à votre tour de sortir un lapin de votre chapeau !

CHAPITRE 10

GUILLAUME TREMBLAY

GROUPE RACKULTRA

GUILLAUME TREMBLAY

FICHE PERSONNELLE

ENTREPRISE: Groupe Rackultra

SITE WEB: www.rackultra.com

DATE D'INCORPORATION: décembre 1997

VOTRE MENTOR : Richard Tremblay

VOTRE MEILLEUR ATOUT: la patience

CE QUI VOUS MOTIVE: l'opportunité d'être un leader dans mon entreprise et dans mon marché

VOTRE PLUS GRANDE FIERTÉ: ma famille

LA PREMIÈRE CHOSE À LAQUELLE VOUS PENSEZ QUAND VOUS VOUS LEVEZ: ça change tous les jours

SI VOTRE ENTREPRISE ÉTAIT UN ANIMAL: faucon ou autre oiseau de proie

GUILLAUME TREMBLAY

GROUPE RACKULTRA

J'ai commencé mes études universitaires dans le but de me spécialiser en entrepreneuriat. J'avais en tête l'idée de me lancer dans le commerce de détail d'articles de sport, une industrie dans laquelle je travaillais depuis mon adolescence. Par ailleurs, Richard, mon père, était alors à la tête d'un réseau de magasins de sport. Il m'a littéralement transmis sa passion pour l'entrepreneuriat.

LES DÉBUTS AVEC AUTORACK

Au cours de l'année 1997, le propriétaire d'*Autorack*, une entreprise lavalloise, a proposé à mon père et moi de participer au développement de son entreprise. *Autorack* offrait des supports de toits d'automobile sur la Rive-Nord de Montréal et une rumeur circulait concernant l'ouverture d'une entreprise concurrente sur la Rive-Sud. Le chef d'entreprise cherchait alors des partenaires pour ouvrir un nouveau magasin.

Étant un jeune diplômé, j'ai décidé de m'investir dans la croissance d'*Autorack,* car j'y voyais une façon d'acquérir de l'expérience et de tester le marché avant de me lancer en affaires. Mon père, le propriétaire d'*Autorack* et moi avons investi à parts égales et nous avons ouvert le nouveau magasin en décembre 1997. Je me suis aussi retrouvé à tenir le rôle de gestionnaire. J'étais donc celui qui gérait le nouveau magasin et notre associé était responsable de l'autre boutique. Richard, quant à lui, agissait davantage à titre de consultant.

DE LA CROISSANCE VERS LA SCISSION

Mon premier test d'entrepreneur – et non le moindre ! – a eu lieu lors de la crise du verglas de l'hiver 1998. Nous avons dû fermer le magasin pendant près de quatre semaines consécutives. Les factures impayées s'empilaient. Les liquidités sont en effet un enjeu réel pour une petite entreprise et prendre le temps de consolider les finances est plus important, à mon sens, que de se verser un salaire. Toutefois, après négociation des délais de paiement et une fois la crise du verglas terminée, l'entreprise prit son envol.

Face à la demande croissante et aux bons rendements des magasins *Autorack*, nous avons décidé d'ouvrir, en deux ans, un troisième magasin à Québec et un quatrième à Montréal. Toutefois, malgré la situation enviable de notre réseau croissant de magasins, nous ne partagions pas, tous les trois, la même vision quant à l'avenir d'*Autorack*. Richard et moi déplorions notamment le manque de liens d'affaires entre la boutique-mère et ses filiales. Notre partenaire ne souhaitait pas centraliser certaines opérations, tels les achats ou la publicité. En fait, chaque magasin était relativement indépendant, ce qui ralentissait la croissance de l'entreprise. C'est ainsi qu'en 2002, lorsque nous avons envisagé l'ouverture d'un magasin dans le *West Island*, Richard et moi avons décidé de nous séparer de notre associé. Nous avons racheté ses parts dans les magasins de Brossard, Québec et Montréal et nous avons créé notre propre entreprise de supports de toits : *Rackultra*.

LE NOUVEAU DÉPART

Nous avons peaufiné notre concept sous notre nouvelle bannière. Nous offrions notre expertise en supports de toits au sein de magasins de style entrepôt, ce qui représentait un bel équilibre entre un garage mécanique et un magasin traditionnel de vente au détail. De plus, à la différence de nos concurrents, nous profitions d'une expertise en installation. C'est ainsi que dès l'arrivée d'un client chez *Rackultra*, nous savons, d'après son modèle de voiture, quel système de toit, quel crochet et quelle boîte sont adéquats. En outre, chaque magasin dispose de son propre garage, ce qui nous permet d'installer le produit sur place en vingt minutes. D'ailleurs, notre savoir-faire est même reconnu par certains de nos concurrents, tels que *Sports Experts* et *Canadian Tire*, qui nous réfèrent de plus en plus leurs clients.

Notre deuxième atout important est d'avoir tout en stock de façon à combler rapidement les besoins de nos clients. Du coup, en plus de l'espace de stockage de chaque magagasin (qui est d'une capacité de 1 800 à 3 300 pieds carrés), nous détenons un entrepôt de 10 000 pieds carrés. Pour la période estivale, nos achats sont complétés au mois de mars afin d'éviter les ruptures de stock ou les délais imposés par nos fournisseurs. Enfin, comme il y a peu d'effet de mode dans notre industrie, le matériel non vendu peut aisément être revendu l'année suivante.

CONCURRENCE ET STRATÉGIE DE PRIX

Dans notre milieu, nous devons faire face à une certaine saisonnalité des ventes. L'été est la période la plus occupée de l'année, notamment pendant la quinzaine de jours qui précède la semaine des vacances de la construction. En revanche, les mois de septembre et octobre sont plutôt calmes. Lors de ces périodes d'accalmie, nous vendons en un mois l'équivalent d'une seule journée de juillet ! Comme la saison automnale est plus calme, nous prenons alors ce temps pour comptabiliser les inventaires, préparer les magasins pour l'hiver et profiter de jours de congé. Cette période de répit est donc consacrée à la formation et à la diffusion de la culture d'entreprise auprès de nos employés.

Notre part de marché est importante, car nos seuls concurrents sont *Canadian Tire* et les détaillants de sport généralistes comme *Sports Experts* et *Rack Évasion*. Nous sommes d'ailleurs l'un des trois plus gros clients du fournisseur de l'entreprise *Thule* en Amérique du Nord pour les supports de toits. C'est une situation plutôt exceptionnelle, si l'on considère que le marché québécois est relativement restreint. Toutefois, cela s'explique par le fait que c'est au Québec que se trouve la plus grande concentration de petits véhicules en Amérique du Nord. Du coup, plusieurs Québécois veulent de l'espace supplémentaire sur leur véhicule pour transporter leur vélo, kayak, canoë, skis, planche à neige ou poussette lors de leurs escapades sportives. Les supports à vélos sont d'ailleurs l'un de nos produits vedettes.

NOUS SOMMES D'AILLEURS L'UN DES TROIS PLUS GROS CLIENTS DU FOURNISSEUR DE L'ENTREPRISE THULE *EN AMÉRIQUE DU NORD POUR LES SUPPORTS DE TOITS* »

Ensuite, l'un de nos principaux enjeux est la relation avec les distributeurs et les fabricants, car notre place sur le marché dépend de cette relation. Il est nécessaire que nos fournisseurs ne multiplient pas les partenariats avec d'autres joueurs, ce qui créerait davantage de compétition. Étant donné la taille de notre réseau de magasins, nous ne pourrions évidemment pas faire concurrence aux détaillants nationaux et internationaux. Cependant, les prix que nous offrons sont conformes à ceux de nos concurrents et, contrairement à certains, nous ne facturons pas de frais supplémentaires pour l'installation du matériel. Nous estimons que notre expertise constitue un avantage concurrentiel qui ne doit pas être facturé en sus au consommateur.

Notre clientèle est surtout constituée de familles aisées, sportives, avec de jeunes enfants et dont les adultes changent de véhicules, en moyenne, tous les quatre ans. Chaque année, nous vendons et installons environ 2 000 systèmes de toit de base auxquels peuvent s'ajouter des options, telles qu'une boîte pour les skis ou les supports à vélos. Bien que le toit soit notre spécialité, nous proposons également des systèmes d'attache-remorque. Enfin, nous offrons également des systèmes de sangles que nous installons à l'arrière du véhicule. C'est l'option la moins dispendieuse, mais aussi la plus risquée si vous tenez à votre carrosserie !

L'ÉQUIPE DERRIÈRE RACKULTRA

Nous avons actuellement entre 20 et 35 employés selon la saison. Chaque magasin est supervisé par un gérant et un assistant-gérant. De plus, lors des périodes achalandées, l'équipe est complétée par des étudiants à temps partiel. La plupart de nos collaborateurs font partie de l'entreprise depuis de nombreuses années, certains sont même avec nous depuis plus de 10 ans. Malgré un très faible roulement de personnel, les ressources humaines restent un enjeu important pour notre réussite.

Richard et moi œuvrons au niveau de la direction principale de la compagnie. Nous avons aussi un superviseur responsable de la coordination de l'ensemble des magasins et un directeur responsable des garanties, du site internet et du système informatique. Nous prévoyons embaucher éventuellement du personnel supplémentaire pour assurer l'administration de l'entreprise. Richard et moi avons une très belle complicité, sans accroc depuis 14 ans. Nous avons bâti l'entreprise ensemble et nous prenons les décisions conjointement, bien que certaines tâches soient préétablies : je m'occupe des finances et des achats, alors que Richard est responsable de la publicité, du recrutement et de la gestion des ressources humaines.

L'EXPANSION DU RÉSEAU RACKULTRA

Après notre séparation d'*Autorack* en 2002, nous avons ouvert un quatrième magasin *Rackulra à* Dollard-des-Ormeaux, puis un cinquième à Laval en 2006. Enfin, en 2010, un sixième magasin a été ouvert à Gatineau. Ces nouveaux magasins sont ainsi venus grossir le réseau *Rackultra*, qui se trouvait jusqu'alors à Brossard, à Québec et à Montréal.

Pour assurer notre crédibilité et établir notre marque de commerce, nous avons beaucoup investi en publicité (7 à 8 % de notre chiffre d'affaires). Nous avons utilisé le *Publisac*, les encarts publicitaires dans le journal *La Presse* et les panneaux publicitaires sur les autoroutes. Bien qu'elle soit relativement dispendieuse, cette dernière stratégie a été nécessaire pour la diffusion du nom *Rackultra*. En revanche, le retour sur investissement dans des revues spécialisées n'était pas suffisant pour justifier d'y investir davantage. Enfin, sur notre site internet, nous disposons d'une plate-forme informative conviviale qui a été modifiée dernièrement pour permettre les achats en ligne.

L'ajout d'une section de commerce électronique sur le site de *Rackultra* visait d'abord à répondre aux recommandations de nos fournisseurs. Ces derniers avaient cerné une opportunité pour desservir le marché des sceptiques, car notre force réside dans l'installation des produits que l'on vend. Un système installé inadéquatement peut engendrer l'insatisfaction des clients. Les ventes en ligne restent d'ailleurs plutôt minces pour le moment. En revanche, elles peuvent être intéressantes lorsque le consommateur demeure loin d'un magasin ou s'il a besoin d'un objet particulier.

LES FILIALES ADDITIONNELLES À L'ÉTUDE

Fort de son réseau de six magasins-entrepôts, *Rackultra* couvre désormais l'ensemble des points stratégiques du marché québécois. L'ouverture d'un magasin nécessite, en effet, un bassin de population important afin d'assurer une profitabilité suffisante. Pour les plus petits marchés, nous envisageons d'élargir quelque peu le concept d'origine en proposant des services complémentaires additionnels.

Aussi, deux nouvelles filiales (*Prorak* et *Attache-ultra*) pourraient bientôt être rattachées à *Rackultra* et rendraient l'ouverture de magasins satellites envisageables. Par l'entremise de ces magasins, nous pourrions élargir les services d'attache-remorque. Nous pourrions aussi développer les supports professionnels, c'est-à-dire des structures adaptables aux véhicules des professionnels de la construction, tels que les électriciens, les plombiers et les couvreurs. L'opportunité d'affaires pour ces services a d'ailleurs déjà été validée. *Prorak* va certainement prendre de l'essor grâce aux ventes en ligne, car les travailleurs de la construction sont davantage enclins à installer eux-mêmes les structures, contrairement à un client qui se présente à l'un de nos magasins.

> *L'ENTREPRENEURSHIP EST PLUS QU'UN MÉTIER OU UNE VOCATION : C'EST UN VÉRITABLE CHOIX DE VIE.* »

Néanmoins, cette possibilité de croissance pour l'entreprise ne sera jugée centrale qu'à moyen terme. Nous donnons la priorité à la consolidation ainsi qu'à la rentabilité de nos investissements antérieurs. Richard et moi favorisons une croissance autofinancée, progressive et mesurée. Les deux années précédant l'ouverture du magasin à Gatineau ont d'ailleurs été consacrées à la solidification du réseau de *Rackultra*. Deux autres années seront donc nécessaires avant que nous considérions tout projet de développement. Le temps venu, nous pourrons élargir géographiquement notre réseau au Québec et réaliser une entrée sur le marché des Maritimes et de l'Est américain.

Bien souvent, on estime que la croissance d'une entreprise est indispensable. Un nombre croissant de magasins génèrent certes des ventes plus importantes, mais cela occasionne aussi des frais d'exploitation supplémentaires. Au final, l'expansion n'est pas toujours synonyme de croissance des profits. De plus, une forte croissance signifierait pour moi de nombreux voyages d'affaires : les allers-retours entre Montréal et Vancouver ne sont pas forcément conciliables avec la vie de famille que je mène. Les options qui s'offrent à chaque entrepreneur en phase de croissance doivent être évaluées à la lumière de l'orientation qu'il souhaite donner à leur vie. L'entrepreneuriat est plus qu'un métier ou une vocation, c'est un véritable choix de vie.

CHAPITRE 11

CHARLES-KEVIN B. POULIN

COVOQ.COM

CHARLES-KEVIN B. POULIN

FICHE PERSONNELLE

ENTREPRISE : COVOQ.com

SITE WEB : www.covoq.com

DATE D'INCORPORATION : le 5 février 2008

VOS MENTORS : Nicolas Bouchard, co-président de DuProprio et Hughes T. Poulin, administrateur de sociétés

VOTRE MEILLEUR ATOUT : être un visionnaire

CE QUI VOUS MOTIVE : obtenir les moyens pour appliquer ma vision !

VOTRE PLUS GRANDE FIERTÉ : être propriétaire de deux entreprises ayant des missions qui correspondent à mes valeurs

LA PREMIÈRE CHOSE À LAQUELLE VOUS PENSEZ QUAND VOUS VOUS LEVEZ : la météo !

SI VOTRE ENTREPRISE ÉTAIT UN ANIMAL : un papillon en devenir !

CHARLES-KEVIN B. POULIN

COVOQ.COM

LA PÉRIODE UNIVERSITAIRE : DE L'IDÉE D'ENTREPRISE AU PRÉDÉMARRAGE

Lorsque je suis entré à *HEC Montréal*, la seule chose que je savais avec certitude, c'était que je ne voulais pas d'une carrière dans un cubicule avec un horaire de routine. En revanche, je ne savais pas si j'allais devenir un professionnel en ressources humaines, en gestion internationale ou en marketing. C'est lors de ma première session, dans le cadre du premier cours obligatoire de management, que j'ai entendu parler du profil d'entrepreneur. J'allais donc créer une entreprise; il ne me restait plus qu'à trouver une brillante idée ! J'en ai eu plusieurs, mais la plupart des projets demandaient un investissement trop important.

Lorsque j'étais en deuxième année, toujours en quête d'un projet d'entreprise, je suis parti en Europe pour un échange interuniversitaire. À Vienne, j'ai beaucoup utilisé le covoiturage comme moyen de transport, même pour me rendre dans les pays voisins de l'Autriche. J'ai pu constater que ce mode de transport était bien plus développé qu'au Québec. De plus, tout se passait sur internet à l'heure où *Allo Stop*, première entreprise de covoiturage au Québec, offrait ses services uniquement par téléphone. J'ai donc eu l'idée de proposer du covoiturage à des particuliers sur internet. Malheureusement, à mon retour d'Europe, *Amigo Express* existait déjà. L'offre de services était identique à celle d'*Allo Stop*, mais elle était adaptée à la nouvelle réalité des technologies de l'information. Bien sûr, depuis, *Allo Stop* a pris le virage technologique et offre également ses services sur internet.

Malgré la présence d'entreprises de covoiturage au Québec, je restais convaincu de la pertinence de mon projet d'entreprise. Il faut dire que selon moi le covoiturage est l'une des solutions de demain, tant pour combattre la pollution que pour remédier au problème de la surutilisation des routes. Les résidents des banlieues de Montréal, de Québec et de Sherbrooke doivent faire face chaque jour aux problèmes d'embouteillage. Pourtant, la plupart des automobilistes sont seuls dans leur véhicule. J'ai donc persisté dans cette voie et j'ai commencé un profil entrepreneurial ayant pour objectif de démontrer qu'il existait bel et bien sur le marché une demande pour ce genre de service.

J'ai acquis beaucoup de connaissances durant mon année de spécialisation. Le profil entrepreneurial nous amène à appliquer les différents concepts appris dans les cours de base (marketing, gestion des ressources humaines, logistique, comptabilité, etc.) à un projet d'entreprise. C'est en somme l'aboutissement du parcours universitaire. C'est durant cette année que j'ai appris à structurer mes idées et que je me suis doté d'outils très utiles pour la suite de mon aventure entrepreneuriale. Bien qu'ayant pris de mauvaises décisions durant les débuts de *COVOQ*, le profil entrepreneurial m'a permis d'en éviter plusieurs autres. Même si je n'ai réalisé que la moitié de mon plan d'affaires, j'ai pu valider mon idée et avoir un cadre solide pour le développement de ma société. J'ai particulièrement apprécié les conseils et astuces pour une bonne présentation orale : comment être vendeur, comment garder l'attention de l'auditoire et comment avoir un visuel attrayant.

Au terme du profil entrepreneurial, mon intuition étant validée, avec un solide plan d'affaires et quelques bourses en poche (bourse de la Famille Gagné, d'une valeur de 10 000 $, lauréat du *Concours Entrepreneurship et Innovation* et bourse de la *Fondation du Maire de Montréal* pour la Jeunesse d'un montant de 4 500 $) j'ai amorcé le démarrage de l'entreprise. La première étape a été la création du site *COVOQ.com*. Ce sont les deux fondateurs de *Tegara*, une firme de conception de sites internet, qui ont développé mon site. La première version a été finalisée en décembre 2008 après six mois de travail, soit le double du temps initialement escompté. Jean-Philippe Dufour et Terry McLellan se sont pourtant beaucoup impliqués. La difficulté première était que nous bâtissions *COVOQ.com* en partant de zéro puisqu'il n'existait aucune référence, aucun modèle d'entreprise canadienne de covoiturage urbain pour nous guider. C'était aussi la première fois que les deux programmeurs s'investissaient dans un projet de si grande envergure.

Comme je développais une idée d'entreprise relativement innovatrice sans point de repère concret, j'ai eu tendance à sous-estimer le temps et l'argent nécessaire au démarrage de *COVOQ*. Le projet était initialement évalué à 23 000 $, mais j'ai dû débourser près de trois fois plus en frais de démarrage (la moitié des frais a été allouée au site internet). Heureusement, en plus des bourses et de mon épargne personnelle, j'ai eu le soutien financier de mon parrain (un actionnaire privilégié) et celui de mon père (sous forme de prêt). Je dispose aussi d'une marge de crédit de 50 000 $ avec mon institution financière.

LES PREMIERS BALBUTIEMENTS DE COVOQ

En tant que grand amant de la nature et de voyages, je voulais proposer une autre façon de faire avec *COVOQ*, une autre vision des affaires et ainsi insuffler un changement dans la mentalité des gens. Évidemment, il existe une véritable tendance, voire un désir social pour les initiatives de développement durable. *COVOQ* c'est plus qu'une opportunité d'affaires, c'est une conviction profonde. Si demain je devais recréer une entreprise demain, il est clair que ce serait de nouveau « une entreprise verte », car c'est une industrie qui reflète mes valeurs. Pour moi, il y a ceux qui disent qu'ils font du développement durable et il y a ceux qui le font. J'ai décidé de fournir une solution concrète dans ce sens. Ce sont de petits gestes comme le covoiturage qui diminueront les tendances de surconsommation et de pollution dont nous sommes prisonniers aujourd'hui. Si nous réduisions par exemple de 10 % le nombre de voitures sur les routes, l'argent économisé d'une telle initiative pourrait être réinvesti dans les domaines de la santé ou de l'éducation. Ce n'est pas un gouvernement en particulier qui mettra en œuvre les réponses à des problématiques qui existent depuis une centaine d'années. Cela relève davantage du secteur de l'entrepreneuriat.

» *POUR MOI, IL Y A CEUX QUI DISENT QU'ILS FONT DU DÉVELOPPEMENT DURABLE ET IL Y A CEUX QUI LE FONT.*

Par ailleurs, plusieurs personnes prétendent que les produits et services verts ne devraient pas être rentables ou profitables. Au contraire, je crois que pour offrir des solutions concrètes, efficaces et de qualité, il est nécessaire de faire de l'argent. Il me paraît absolument essentiel de ne pas omettre le pôle économique lorsque l'on parle de développement durable. De plus, c'est souvent par l'entremise du langage économique que nous arrivons à changer les comportements. Ce n'est pas en réalisant des publicités qui montrent des ours polaires que l'individu moyen va commencer à recycler sa bouteille de bière. C'est plutôt en lui disant qu'il aurait pu économiser cinq sous.

Dans le cas du covoiturage, nous nous inscrivons dans la même logique. Nous savons qu'il faut entreprendre de changer graduellement les mentalités. Ce changement prend du temps. Cela fait une dizaine d'années que les bacs de recyclage ont fait leur apparition au Québec, mais voilà seulement trois ou quatre ans que les Québécois les utilisent adéquatement. Notre objectif est que d'ici 2013, le covoiturage devienne la norme de transport.

LE MARCHÉ

Bien que le covoiturage soit une pratique relativement répandue en Europe, elle l'est beaucoup moins en Amérique du Nord. Lorsque j'ai lancé l'idée d'offrir un service de covoiturage, j'étais plutôt avant-gardiste, mais j'anticipais qu'au moment de démarrer *COVOQ*, quelques concurrents seraient déjà implantés sur le marché. Finalement, je suis encore quelque peu en avance, certainement d'une année ou deux.

À Montréal, *COVOQ* doit composer avec deux autres joueurs : le réseau de covoiturage et le programme *Allego*, distribué par les *Centres de gestion de déplacement* (CGD). Les CGD ont pour mandat d'étudier les habitudes de transport d'une institution ou d'une organisation donnée. Ils présentent ensuite leurs conclusions et les pistes de solutions possibles pour l'implantation d'un programme de covoiturage (*Allego*, *Réseau de covoiturage* ou *COVOQ*). La force de *COVOQ* est que notre entreprise livre un projet clé en main en peu de temps[1]. Nous ne nous contentons pas de vendre le logiciel, nous nous assurons de son utilisation optimale (inscriptions des usagers, promotion autour du service de covoiturage et sensibilisation, suivi, etc.). En d'autres termes, il n'est pas nécessaire pour les organismes clients de désigner une personne ressource à l'interne pour s'assurer de la bonne réalisation d'un programme de covoiturage.

LES SERVICES COVOQ

Les trois principaux volets de *COVOQ* sont : a) le volet « jumelage », c'est-à-dire le logiciel à proprement parler, b) le volet « en voiture », soit le *kit* promotionnel et c) le volet « accompagnement », qui relève davantage du soutien technique, du service à la clientèle et des activités de suivi.

Notre logiciel offre au client la possibilité d'établir un profil personnalisé, en précisant par exemple ses champs d'intérêt, ses loisirs, ses goûts musicaux, ses préférences pour le voyage (en silence, en discutant, en écoutant la radio, etc.) ou encore son âge. Cette description lui permet ensuite de faire un choix éclairé concernant les passagers. En général, un étudiant ne souhaite pas voyager avec un professeur et vice-versa. *COVOQ.com* cherche, dans la mesure du possible, à jumeler des personnes qui résident à proximité l'une de l'autre et qui roulent « dans le bon sens de circulation ». Un conducteur préférera voyager avec une personne qui réside entre son propre domicile et son lieu de travail plutôt qu'une personne qui réside à proximité, mais en direction opposée du lieu de travail. Nous souhaitons ainsi assurer que l'expérience de chaque client soit la plus positive et agréable possible.

> *NOTRE LOGICIEL OFFRE AU CLIENT LA POSSIBILITÉ D'ÉTABLIR UN PROFIL PERSONNALISÉ, EN PRÉCISANT PAR EXEMPLE SES CHAMPS D'INTÉRÊTS*

À l'instar de ses concurrents, le réseau de covoiturage met à la disposition des membres un calculateur monétaire et écologique de trajet, une messagerie interne pour faciliter les interactions, ainsi qu'un système de commentaires pour signaler les comportements inadéquats, comme les retards répétitifs d'un covoitureur.

1. Contrairement à nos concurrents qui prennent jusqu'à trois mois pour livrer leur produit, nous ne prenons que dix jours.

Nous avons également une entente avec la *Société de l'assurance automobile du Québec* (SAAQ). Elle nous assure que chaque conducteur dispose d'un permis valide et n'a commis aucune faute grave, telle une infraction de conduite avec des facultés affaiblies.

Outre l'option de profil personnalisé que nous offrons et notre entente avec la SAAQ, les volets promotionnel et de soutien demeurent notre véritable avantage concurrentiel. Ces deux options sont également offertes par nos concurrents, mais elles sont facturées en sus aux clients. Nous nous assurons que le service auquel notre clientèle s'attend corresponde bien au service que le *COVOQ* offre. Pour ce faire, nous organisons des rencontres bisannuelles afin d'obtenir le *feedback* de nos clients. En termes de visibilité, nous participons à des activités de promotion, telles qu'afficher le logo de l'entreprise sur des bannières ou encore procéder à l'aménagement de places réservées pour le stationnement. Leurs quantités varient en fonction des forfaits, puisque les organismes se dotant du contrat le plus avantageux bénéficieront de plus d'activités promotionnelles et auront davantage de places réservées.

COVOQ souhaite faire affaire, autant que possible, avec les entreprises et les institutions qui emploient plus de cent personnes. Ce sont ces organismes que nous ciblons en priorité puisqu'ils ont les moyens de payer pour atteindre leurs objectifs, c'est-à-dire de mettre en place un système de transport plus écologique par le biais du covoiturage. Ce sont aussi ces organismes qui nous permettent d'avoir un chiffre d'affaires intéressant.

Enfin, nous proposons différents forfaits pour répondre à des besoins distincts : « la mini », où seul le système informatisé de covoiturage est fourni; « la coccinelle », à l'attention des entreprises de moins de cent employés, « l'hybride » pour les moyennes entreprises et « le westfalia » pour les entreprises ayant plus de trois-cents employés.

LA LONGUE ROUTE JUSQU'AUX PREMIERS CONTRATS

Au début de 2009, puisque j'étais très impatient, j'ai commencé à faire de la prospection de clientèle. Les deux premiers mois ont été très difficiles. Outre le fait que je travaillais sur un concept encore avant-gardiste (les entreprises s'affairaient surtout au recyclage et commençaient tout juste à penser à un plan de transport), j'ai dû composer avec la récession économique qui venait de commencer. Si l'on ajoute aux coupures budgétaires le fait que je n'avais encore rien de concret à proposer aux entreprises (ni offre de services précise, ni politique claire de prix), je me suis découragé face aux refus successifs des clients que je rencontrais. J'ai d'ailleurs même failli retourner aux études pour poursuivre un baccalauréat en droit à l'*Université McGill*.

En mars 2009, alors que je me questionnais sur mes projets, j'ai été contacté par l'*Université du Québec à Chicoutimi* (UQAC) ainsi que par le *Cégep de Chicoutimi*. En avril, nous signions les contrats sous réserve, moyennant l'adaptation du logiciel pour combler les besoins d'une population estudiantine. En effet, *COVOQ.com* avait été conçue pour une clientèle de bureau ayant des horaires fixes et réguliers. Nous avons donc dû modifier le site, ce qui nous a pris cinq mois supplémentaires de travail. À la mi-septembre, nous installions le système *COVOQ* au Cégep de Chicoutimi. Notre clientèle était, dans un premier temps, restreinte aux professeurs. Une fois assurés que le logiciel répondait bien aux demandes de nos clients, nous avons élargi l'ensemble de nos services à tous les membres de la communauté universitaire : étudiants, professeurs et employés. Aujourd'hui, un peu moins de cinq cents membres sont inscrits sur le réseau de covoiturage du Cégep et une quarantaine de jumelages a lieu quotidiennement.

UNE ÉQUIPE QUI GRANDIT

En novembre 2009, les deux fondateurs de *Tegara* sont devenus mes associés, l'un à titre de directeur du marketing et l'autre comme directeur de la technologie. Ce partenariat a amené une expertise plus vaste et a aussi entraîné plus de structure, tant du point de vue organisationnel qu'en termes d'efficacité de travail. Je dois maintenant me consacrer sur la vente des services de *COVOQ*. Enfin, nous sommes encadrés par un coach qui dispose d'une longue expérience dans le secteur du *Web*, par un comptable qui travaille à temps partiel, et par une personne au télémarketing, qui a la charge de décrocher des rendez-vous auprès des personnes ressources œuvrant au sein des organismes et des institutions ciblées.

COVOQ CONSOLIDE SA POSITION SUR LE MARCHÉ DU COVOITURAGE

Depuis septembre 2009, nous sommes commercialisables, la phase de prédémarrage et d'ajustement étant désormais derrière nous. Dès janvier 2010, nous nous sommes mis à la recherche de nouveaux clients. Il est relativement facile d'obtenir un rendez-vous auprès des organismes pour offrir nos services, puisque ceux-ci sont davantage en faveur d'un développement plus mesuré, plus durable. Néanmoins, les cycles de vente sont bien plus longs que je ne l'avais imaginé ! Il est nécessaire de présenter *COVOQ* à plusieurs personnes clés des institutions et organismes. Je rencontre tout d'abord le comité de développement durable ou les ressources humaines. Il me faut ensuite convaincre le secteur des finances. Cependant, il ne m'est pas toujours possible de présenter le concept de *COVOQ* aux responsables directement. Je dois alors négocier avec des intermédiaires. En fin de compte, les cycles de vente peuvent s'étendre sur plusieurs trimestres. Ce phénomène a été aggravé par la crise économique; la sensibilité aux impératifs du développement durable a réellement souffert du ralentissement économique.

Enfin, la règle qui stipule que pour cent appels téléphoniques, dix rendez-vous sont planifiés pour aboutir finalement à un seul contrat s'applique aussi à *COVOQ*. Il faut donc apprendre à être patient et tenace ! En septembre 2010, *COVOQ* a ajouté à ses clients six institutions scolaires de la région de Rivière-du-Loup. Nous étions donc en bonne voie d'atteindre l'objectif que nous nous étions fixés en début d'année soit d'obtenir huit nouveaux contrats d'ici décembre 2010. Nous espérons par ailleurs être en mesure d'offrir prochainement un site internet en anglais pour viser d'autres marchés même si la concurrence anglophone est plus féroce. Nous souhaitons également élargir le concept de covoiturage pour l'implanter dans les actions quotidiennes. Par exemple, offrir le service pour les personnes souhaitant faire leurs emplettes ensemble serait une bonne idée. Par ailleurs, nous offrons depuis l'automne 2010 notre expertise aux organisateurs d'événements spéciaux (tels que des colloques, congrès ou foires), qui désirent rendre ces rassemblements écoresponsables. L'ensemble des participants, conférenciers, exposants et visiteurs peuvent ainsi utiliser notre outil de jumelage pour trouver des covoitureurs. En décembre dernier, lors d'un congrès à Québec qui rassemblait six cents personnes, une vingtaine de participants ont utilisé nos services. Nous sommes d'ailleurs sur le point d'obtenir un contrat pour une quarantaine d'événements par année.

De plus, pour sa deuxième phase de développement, *COVOQ* envisage d'offrir ses services aux villes et à l'ensemble de la population. Le covoiturage ne serait plus uniquement un moyen de transport à l'échelle d'un organisme ou d'un regroupement d'entreprises. Il s'effectuerait également au niveau d'un arrondissement ou d'une municipalité. Nous pourrions aussi cibler une clientèle internationale et étendre notre modèle à d'autres pays.

Nous n'envisageons pas offrir *COVOQ* aux particuliers avant la fin des phases trois ou quatre de développement. Cela ne se fera donc pas avant 2014. Ouvrir le marché aux particuliers permettrait à l'entreprise d'acquérir une large visibilité, jusqu'à devenir, peut-être, la référence au Québec en termes de covoiturage. D'un autre côté, il serait difficile de facturer chaque particulier pour son utilisation de *COVOQ.com*; nous devrons donc repenser notre modèle d'affaires. D'autre part, il est bien évident que si cent personnes qui travaillent au sein du même organisme peuvent profiter des services *COVOQ* gratuitement, leur organisme n'investira pas de fonds pour l'installation du logiciel. Donc, si nous souhaitons cibler le marché des particuliers, il nous faudra obtenir des revenus publicitaires par l'entremise de notre plate-forme *Web*.

Finalement, j'ai tout récemment fait l'acquisition de *Zetika*, l'une des premières plates-formes *Web* participatives du Québec qui traite de la consommation responsable. Cette entreprise propose des alternatives concrètes à la surconsommation et donne des astuces pour modifier les comportements d'achat. Elle fournit aussi un répertoire des ressources du milieu et fait la promotion des acteurs, organisations ou individus, participant au changement. Nous prévoyons ouvrir une boutique en ligne d'ici mars 2011. Celle-ci permettra à tous les fournisseurs de produits et services verts de profiter de notre site Web qui compte un achalandage de 600 000 visiteurs par an !

En guise de conclusion, j'insisterai sur le fait que le développement durable c'est d'abord et avant tout une histoire de partenariats. De plus en plus d'individus, d'organismes et de gouvernements ont conscience des problématiques environnementales et sociales, mais hésitent encore à poser des gestes concrets pour remédier aux dérives de la société actuelle. Les petits joueurs comme *COVOQ* ont donc tout intérêt à mettre en place un réseau d'alliés qui facilitera l'entraide. *COVOQ* est partenaire de l'*Association des Cégeps verts* et de l'entreprise *Pure*, qui offre des produits d'entretien ménager.

J'invite également tous les entrepreneurs à demeurer passionnés par leurs projets actuels ou futurs et de ne pas se décourager face à l'adversité. Les premières difficultés nous paraissent souvent insurmontables, mais nous en ressortons, le plus souvent, plus forts. Je suis persuadé d'avoir une bonne étoile ! Et si par malheur *COVOQ* venait à ne plus fonctionner, j'ai encore de nombreuses idées de projets en tête. Je suis un entrepreneur dans l'âme.

CHAPITRE 12

NICOLAS BERGERON

BOIS ROND RUSTIK

NICOLAS BERGERON

FICHE PERSONNELLE

ENTREPRISE : Bois Rond Rustik

SITE WEB : www.boisrondrustik.com

DATE D'ENREGISTREMENT : 15 août 2005

VOTRE MENTOR : Réjean Lehoux

VOTRE MEILLEUR ATOUT : la détermination

CE QUI VOUS MOTIVE : réussir personnellement et professionnellement. Être heureux

VOTRE PLUS GRANDE FIERTÉ : créer mon propre emploi

LA PREMIÈRE CHOSE À LAQUELLE VOUS PENSEZ QUAND VOUS VOUS LEVEZ : combien fait-il dehors ? (je travaille parfois à l'extérieur !)

SI VOTRE ENTREPRISE ÉTAIT UN ANIMAL : un ours

BOIS ROND RUSTIK LOG HOMES

NICOLAS BERGERON

BOIS ROND RUSTIK

L'année 2005 a été l'année de mon baptême de feu entrepreneurial ! C'est en effet à cette époque que j'ai complété le tout nouveau programme de certificat en création d'entreprise de *HEC Montréal*, et que naquit ma première entreprise, *Bois Rond Rustik*.

Située à Farnham, entre Saint-Jean-sur-Richelieu et Granby, *Bois Rond Rustik* se spécialise dans la création de maisons en bois rond, à partir d'une technique de préfabrication des murs en sections. À ce concept original se sont ensuite greffés divers projets qui constituent désormais l'entreprise.

L'ÉMERGENCE DU CONCEPT

Très jeune, j'ai travaillé au sein de l'entreprise familiale, dirigée par mon père, jusqu'à ce qu'il vende la pourvoirie. Une pourvoirie est un lieu où l'on pratique la chasse et la pêche, mais c'est également une destination pour les mordus d'activités de plein air qui désirent louer un chalet. Durant mes études au Cégep, il a fallu construire une auberge pour recevoir davantage de touristes, notamment des touristes européens. Nous avons alors commencé à penser au concept de maisons en bois rond pour, d'une part, le côté traditionnel et culturel et, d'autre part, parce que les matériaux d'usage étaient dispendieux et les délais de construction relativement longs. Mon père et moi avons donc eu l'idée de préfabriquer des murs en sections, c'est-à-dire en différentes parties. Ce processus assure d'importants gains en termes de manipulation et de temps. L'auberge de la pourvoirie a donc été conçue à partir de ce concept et plusieurs touristes nous ont fait part de leur désir de se faire construire des maisons et des chalets en bois rond.

Encouragé par cette expérience positive, j'ai entrepris un certificat en création d'entreprise en 2004, l'année même où mon père a vendu son entreprise. Évidemment, lorsque l'on cherche une idée d'entreprise, on commence généralement par ce qu'on connaît le mieux. J'ai donc voulu solidifier mon intuition en affaires, formuler ma stratégie entrepreneuriale et apprendre l'ensemble des spécialisations du domaine de la gestion qui m'étaient jusque-là inconnues. De plus, les professeurs prenaient leur rôle à cœur et nous poussaient sans cesse à nous dépasser, à nous investir à fond, nous rapprochant ainsi un peu plus de la réalisation de nos projets.

POUR MA PART, J'AI EU LA CHANCE DE GRANDIR DANS UN MILIEU ENTREPRENEURIAL, CE QUI M'A PERMIS DE SAISIR TOUTE LA COMPLEXITÉ D'UNE ENTREPRISE. »

Dans le cadre de mes études, j'ai beaucoup appris, mais bien sûr, on ne peut pas tout apprendre sur les bancs d'école ! Il faut avoir le courage de se lancer, de faire des erreurs et cela nous permet d'acquérir de nouvelles compétences. L'apprentissage de tous les aspects de la gestion d'une entreprise, des ressources humaines à l'approvisionnement en passant par la gestion des comptes clients, nécessite du temps et beaucoup de persévérance.

Pour ma part, j'ai eu la chance de grandir dans un milieu entrepreneurial, ce qui m'a permis de saisir toute la complexité d'une entreprise. Avec le temps et plusieurs rencontres avec des clients potentiels, j'ai développé des compétences dans le domaine de la vente. Par contre, j'ai éprouvé des difficultés à partager ma vision avec le reste de mon équipe, à fixer des objectifs clairs et à quantifier le temps nécessaire à la réalisation de chaque projet. Peu de temps après mes études, j'ai présenté mon projet à certaines banques, aux *Centres locaux de développement* (CLD) et je me suis inscrit à plusieurs concours. En 2006, j'ai d'ailleurs remporté le troisième prix du concours du *Centre d'entrepreneurship Poly- HEC-UdeM*, soit une bourse de 7 500 $. Ensuite, je suis allé chercher un PPE aux entreprises[1] d'une valeur de 6 000 $ en plus d'une subvention provenant d'un CLD d'un montant de 5 000 $.

LE SAVOIR-FAIRE DE BOIS ROND RUSTIK

De l'approvisionnement à l'installation finale, avec quatre employés, le processus de production d'une maison en bois rond nécessite en moyenne un mois de travail. En tant qu'entreprise encore relativement jeune, *Bois Rond Rustik* n'embauche pratiquement qu'en période de pointe et à forfait. Bien que je sois le seul employé en hiver, j'ai besoin d'aide pour la production pendant les périodes d'été et d'automne. J'ai d'ailleurs embauché jusqu'à cinq employés de construction durant une saison. Je profite du ralentissement des activités durant la période hivernale pour les former, car les employés changent d'une année à l'autre. Bien que travailler à forfait soit la norme dans le secteur de la construction, j'espère être en mesure d'embaucher du personnel à temps plein d'ici 2012.

1. Prêt garanti par le gouvernement fédéral qui offre le financement nécessaire pour favoriser le démarrage ou la croissance d'une entreprise.

De plus, je profite de l'expertise de mon père qui m'encadre dans cette aventure. Lorsqu'il ne développe pas ses propres projets, Gilles s'occupe des relations publiques pour *Bois Rond Rustik* et participe à la production. Bien que je sois le fondateur et le propriétaire de l'entreprise, je dois composer avec la relation père-fils. Travailler avec un membre de sa famille n'est pas toujours évident ! Nous avons dû bien définir le rôle de chacun, afin de ne pas laisser croire aux employés qu'il y a deux patrons, deux façons de faire et deux visions divergentes.

Finalement, *Bois Rond Rustik* c'est aussi un réseau de fournisseurs. Quatre-vingt pour cent du bois que nous achetons provient du Québec. Comme les fournisseurs sont en général spécialisés dans une seule qualité de bois, nous devons faire affaire avec plusieurs fournisseurs à la fois. Nous avons parfois des demandes de bois peu connu, mais généralement nous nous approvisionnons en pin blanc, en pruche et en épinette.

Lorsque l'entreprise a commencé ses activités, nous devions équarrir nous-mêmes le tronc d'arbre, c'est-à-dire le tailler à la main. Étant donné que ce procédé est fort long, nous avons dû chercher un tour à bois, une machine sur laquelle on dispose un tronçon d'arbre afin de le rendre cylindrique. Comme cet équipement est relativement dispendieux (entre 200 000 $ et 250 000 $), nous nous sommes tournés vers un artisan qui nous en a fabriqué un. Nous faisons également de la sous-traitance pour une partie du profilage des blocs de bois.

Une fois que les billots sont profilés, c'est-à-dire dotés de leurs formes définitives, nous les assemblons en sections en tenant compte des ouvertures des portes et des fenêtres. Les murs sont ensuite teints, vernis et calfeutrés, puis déposés à l'extérieur pour nous permettre d'assembler la prochaine section. Ce n'est qu'une fois toutes les sections achevées que nous faisons la livraison et l'installation des murs de la maison en bois rond.

LES PREMIERS CONTRATS

Après avoir acheté les outils et effectué les investissements nécessaires au démarrage de l'entreprise, j'ai constaté que les liquidités qui étaient à la disposition de *Bois Rond Rustik* étaient bien maigres. Or, pour faire croître une nouvelle entreprise, il est essentiel de disposer de fonds. Souvent, le principal défi d'un entrepreneur est l'argent. Pour acquérir des fonds, le promoteur doit être capable de vendre son produit ou service et d'aller rencontrer des clients potentiels. Les premières ventes ont été fort difficiles, d'autant plus que je n'avais qu'une seule réalisation à présenter. J'ai compris par la suite que ce manque d'expérience devait être compensé par un prix inférieur à la moyenne pour me permettre de me doter d'une certaine crédibilité. Mon premier contrat a été signé en mars 2006, soit six mois après ma graduation de *HEC Montréal* et après la création de *Bois Rond Rustik*. Le client, une connaissance de longue date, possédait des chalets qu'il louait. Il souhaitait construire un nouveau chalet. Après une petite négociation, nous en sommes arrivés à une entente. Par la suite, j'ai reçu une commande pour la construction de deux chalets, mais j'ai éprouvé de la difficulté à me faire payer par le client une fois le contrat terminé. Il y a des procédures, des façons de faire, des négociations à mener avant de commencer les procédures légales, que seul un homme ou une femme d'expérience peut connaître. J'ai au moins appris que chercher à sécuriser une vente à tout prix n'est pas toujours une bonne affaire !

J'ENVISAGE ALORS D'ORIENTER MON OFFRE DE SERVICES DANS LE SECTEUR DE B2B[2], C'EST-À-DIRE FAIRE AFFAIRE AVEC DES ENTREPRISES PLUTÔT QU'AVEC DES PARTICULIERS. «

UN PROCESSUS D'ACHAT DE LONGUE HALEINE

Il faut savoir qu'il peut s'écouler plusieurs années entre la première rencontre avec un client et le moment où l'installation des murs en bois rond est complétée dépendamment de l'acquisition du terrain et des moyens financiers de l'acheteur. Autrement dit, le processus d'achat d'une maison ou d'un chalet prend du temps. Au début, je souhaitais effectuer des ventes sans tenir compte du processus décisionnel propre à chaque client. Or, si l'on brusque quelque peu un client indécis ou hésitant, la réalisation du projet en souffrira. Maintenant, je laisse chaque client prendre le temps nécessaire pour faire un choix éclairé, tout en maintenant avec lui un contact régulier.

Par ailleurs, pour minimiser le risque, je prête davantage attention au type de consommateur avec lequel j'interagis. J'évite de dépenser trop d'énergie avec des clients qui ne sont pas réellement intéressés ou avec ceux pour qui la maison en bois rond ne restera malheureusement qu'un rêve. Dans le cadre d'un projet comme la construction d'une maison, il est important d'avoir une complicité avec l'acheteur potentiel. Je me renseigne également auprès de la communauté quant au genre de personne avec qui je compte faire affaire. On ne peut tirer de conclusion de la part d'une seule source qui allègue que le client potentiel est un mauvais payeur. En revanche, si cette mauvaise réputation tient de l'opinion générale, alors il vaut mieux en tenir compte.

Actuellement, je n'ai pas de clientèle spécifique, bien que je fasse principalement affaire avec des clients bien nantis et des entrepreneurs. Le processus décisionnel est en général moins long avec ces derniers. J'envisage alors d'orienter mon offre de services dans le secteur de *B2B*[2], c'est-à-dire faire affaire avec des entreprises plutôt qu'avec des particuliers. Nos clients se trouvent surtout dans le secteur géographique qui s'étale de la Montérégie

2. « Business to business »

jusqu'à la Beauce. Les concurrents sont bien moins nombreux que dans les Laurentides et la demande est somme toute élevée.

UNE OFFRE DE SERVICES ÉTENDUE

Le concept de préfabrication de murs en sections confère au produit un caractère unique. *Bois Rond Rustik* livre le logis élaboré par le client par l'entremise des services d'un dessinateur. Une fois la construction commencée, nous ne pouvons pas faire marche arrière. Alors, notre politique de paiement est assez stricte. À la signature du contrat, nous demandons à nos clients un acompte de 30 à 50% du prix total. Lorsque nous débutons le travail sur le chantier, nous réclamons 30% supplémentaire. Le reste du montant doit être réglé à la fin du contrat.

Les murs sont vendus au pied linéaire, mais comme chaque projet a sa propre superficie, le prix peut osciller entre 20 000 $ et 70 000 $. Bien que cela puisse sembler dispendieux, le chiffre d'affaires de l'entreprise demeure relativement modeste : en 2008, il s'élevait à moins d'un demi-million de dollars alors que nous construisions entre trois et cinq chalets par année.

De plus, nous devons faire face au cycle saisonnier du secteur de la construction. La croissance de *Bois Rond Rustik* se trouve freinée par ce ralentissement. Par contre, l'été et l'automne sont des périodes très achalandées où nous travaillons 65 heures par semaine, sept jours sur sept. Il nous est donc difficile d'avoir une activité continue, sans interruption, sans temps mort. Nous avons alors dû investir dans d'autres gammes de produits.

C'est ainsi que nous avons développé des partenariats avec des architectes paysagistes en Montérégie, en Beauce et en Abitibi. Nous proposons diverses structures en bois massifs (colonnes, poutres, terrasses, escaliers, etc.), des abris pour les arrière-cours, des patios en bois ou encore des abris pour les spas. Puisque nous travaillons uniquement à partir de bois massif, notre but n'est pas d'offrir des services de fine ébénisterie. Néanmoins, nous pouvons préserver l'icône de notre entreprise, c'est-à-dire le bois rond. De plus, jusqu'à maintenant, nous avons peu de concurrents dans le secteur des structures en bois massifs. Aujourd'hui, ce secteur d'activité représente 40% de notre chiffre d'affaires. Contrairement à la production de murs en sections qui nécessite une importante quantité de matières premières, les coûts principaux de ces réalisations dépendent surtout de la main-d'œuvre : trois ou quatre personnes sont requises pour un projet qui dure environ trois mois.

LA SUITE

L'enjeu principal de *Bois Rond Rustik* est de bâtir une activité s'échelonnant tout au long de l'année. Nous ne travaillons pas encore à longueur d'année, ce qui a un grand impact sur notre liquidité et, par conséquent, sur nos possibilités de développement. Bien qu'il ne soit pas évident de bâtir et de garder une équipe solide, j'aspire à monter une équipe permanente prochainement et à partager un but commun avec mes collègues.

Depuis les débuts de l'entreprise, il y a cinq ans, le chiffre d'affaires de *Bois Rond Rustik* a doublé chaque année. J'entends bien poursuivre ce rythme de croissance, au moins pour les trois prochaines années. Notre objectif pour 2011 est d'obtenir un million de chiffres d'affaires.

D'ici les cinq prochaines années, j'aimerais me départir de la production pour me concentrer sur les concepts, les idées et la vente qui sont mes points forts. Idéalement, je céderais la planification et la production à un employé passionné par cet aspect de l'entreprise. Il est possible que dans dix ans, mon entreprise ne soit plus du tout ce qu'elle est maintenant. J'aime avant tout démarrer des projets et ce ne sont pas les idées qui manquent! Enfin, avec un partenaire d'affaires, je gère en même temps une entreprise en immobilier. J'espère acquérir très prochainement un terrain au bord d'un lac dans la région de Magog. Nous souhaitons construire plusieurs maisons en bois rond afin de les louer à des particuliers sur une base hebdomadaire. J'aimerais d'ailleurs répéter ce concept et acquérir des terrains supplémentaires pour réorienter *Bois Rond Rustik* vers ce type de réalisations. J'ai réalisé qu'il était plus facile d'être son propre client! Puisque nous sommes responsables de l'ensemble des décisions, les processus de vente et de production s'en trouvent grandement raccourcis. Tout en continuant à collaborer avec des architectes paysagistes, je souhaiterais que la location de maisons en bois rond représente 70 % de mon chiffre d'affaires dans les années à venir. Autrement dit, j'envisage de cesser la construction de maisons pour les particuliers même si cela était au cœur de mon projet d'entreprise.

J'ai démarré *Bois Rond Rustik* à 22 ans et, depuis, j'ai beaucoup appris. La création d'une entreprise constitue un beau défi et une expérience de vie marquante. Il est fondamental de demeurer à l'écoute de son intuition, de ses aspirations et de ses envies. Pour ma part, j'ai toujours eu envie de voyager, de découvrir d'autres cultures, d'autres façons de vivre. Voilà pourquoi je suis parti l'hiver dernier un mois en Indonésie. Être entrepreneur c'est être libre.

CHAPITRE 13

PHILIPPE GAUTIER

NÉVÉ XP

PHILIPPE GAUTIER

FICHE PERSONNELLE

ENTREPRISE : Névé XP
SITE WEB : www.nevexp.com
DATE D'INCORPORATION : 2004
VOTRE MENTOR : Philippe Roberge
CE QUI VOUS MOTIVE : le plaisir
VOTRE PLUS GRANDE FIERTÉ : être libre
LA PREMIÈRE CHOSE À LAQUELLE VOUS PENSEZ QUAND VOUS VOUS LEVEZ : ça dépend avec qui je suis !
SI VOTRE ENTREPRISE ÉTAIT UN ANIMAL : un lama

PHILIPPE GAUTIER

NÉVÉ XP

UNE ENTREPRISE QUI ENCOURAGE UN CERTAIN STYLE DE VIE

J'ai terminé mes études en 2003 et, déjà, le ski occupait tout mon temps. J'ai eu la chance de suivre ma formation universitaire en tant qu'étudiant-athlète membre de l'équipe de ski des Carabins de l'*Université de Montréal*. Mon année de spécialisation en entrepreneuriat a été l'occasion de développer des compétences en affaires en élaborant mon premier projet d'entreprise, *Névé XP*.

Névé XP a été fondée en 2004 par Paul-Étienne Gagnon et moi-même, deux passionnés du ski. Notre but premier en démarrant l'entreprise n'était pas la rentabilité financière, ni le retour sur investissement, mais plutôt la possibilité de nous donner les moyens pour poursuivre un style de vie qui nous passionnait. Autrement dit, l'élément déclencheur a été la passion qui nous animait et que nous souhaitions partager. Pour ce faire, rien de mieux que de créer une entreprise !

Névé XP offre trois types de services : la consultation en gestion de risques, les cours d'avalanche et les voyages de ski. Ces services sont offerts au Québec, dans l'Ouest canadien et en Amérique du Sud.

Le service de gestion de risques consiste d'une part à identifier, qualifier et quantifier le danger encouru par nos clients et leurs employés et, d'autre part, à mettre en place des plans de gestion de ces risques. On pense ici notamment à la sécurité et aux possibles poursuites judiciaires liées à la responsabilité civile, à la relation avec les assureurs et à la perte de main-d'œuvre. Le service de gestion de risques nous occupe surtout durant les saisons de transition, soit le printemps et l'automne. Pour ce service, nos clients sont majoritairement Canadiens et Sud-américains. Les cours d'avalanche sont offerts au Québec et dans le Nord des États-Unis et ont pour but de fournir les outils de base aux skieurs qui sont friands de ski hors-pistes et qui souhaitent effectuer des randonnées de façon autonome. C'est souvent le premier contact avec nos clients; c'est la première poupée russe qu'ils vont ouvrir. C'est un peu la plate-forme qui nous permet par la suite de leur vendre nos forfaits.

Finalement, le service qui est au cœur de l'entreprise c'est le voyage de ski d'aventure. Selon vos ambitions et vos envies, *Névé XP* vous propose quatre types de forfaits. Tout d'abord, il y a la randonnée alpine durant laquelle nous grimpons au sommet de la montagne à l'aide de peaux d'ascension avant de la dévaler en ski, en planche à neige ou en télémark. Pour les amoureux de poudreuse, il y a aussi les forfaits « cat-ski » et l'« héli-ski » : on accède à la montagne par chenillettes ou par hélicoptère, tous deux pouvant contenir jusqu'à douze personnes. Enfin, il y a le forfait « expédition » qui requiert un retour quotidien vers un camp de base et le transport des vivres et de l'équipement tout au long du périple.

NOTRE AVANTAGE CONCURRENTIEL

Nos prix sont compétitifs et rivalisent avec ceux de nos concurrents. Il faut compter 200 $ pour un cours d'avalanche de deux jours et environ 2 000 $ pour une semaine de voyage de ski d'aventure, qui comprend l'hébergement, les repas et le guide. Notez qu'il n'y a aucune restriction en termes de niveau de compétence ou d'âge pour les voyages de ski. Notre philosophie est d'être à l'écoute de nos clients, de nous adapter à leurs besoins et de leur proposer un voyage sur mesure. Il est primordial pour nous de prendre le temps de connaître notre clientèle, ne serait-ce que pour pouvoir jumeler, le temps d'un voyage, des personnes qui ne se connaissent pas, mais qui se ressemblent.

Notre stratégie de promotion consiste pour l'essentiel à la méthode du bouche-à-oreille. Nous avons commencé à organiser des voyages pour nos amis qui, eux, nous ont recommandés à leurs amis et ainsi de suite. Nous faisons peu de publicité; c'est notre clientèle qui vient à nous. Présentement, nous avons en moyenne deux clients par année pour le service de gestion de risques, une vingtaine pour les voyages de ski et une quarantaine pour les cours d'avalanche. Notre approche personnalisée fait la différence et satisfait nos clients. La preuve en est que nos clients reviennent en général tous les cinq ans.

LES PREMIÈRES EMBÛCHES

En plus de devoir légitimer la philosophie de notre entreprise auprès de nos proches, nous avons fait face à plusieurs embûches depuis notre premier plan d'affaires. Le premier défi, comme pour bon nombre de fondateurs d'entreprises, a été de définir une vision commune, d'identifier les forces et les faiblesses de chacun en vue d'une saine et équitable division des tâches, de quantifier l'investissement de temps puis, enfin, de déterminer la rémunération en conséquence. En fin de compte, mon partenaire et moi avons investi autant l'un que l'autre, en termes de temps, de finances et d'équipements.

Le deuxième défi a été d'expliquer clairement à nos amis et à nos connaissances que *Névé XP* était passée du stade d'activité bénévole entre amis à celui d'une véritable entreprise qui offre des services professionnels de guide de montagne. Du coup, ils devaient maintenant payer pour skier avec nous, c'était là notre véritable travail.

Par ailleurs, il a été nécessaire de nous entourer judicieusement et de trouver les bonnes personnes pour nous aider là où nos compétences faisaient défaut. Par exemple, nous faisons appel aux services d'un avocat, d'un comptable, d'un graphiste, d'un designer *Web*, etc. L'utilisation de nos réseaux a été un des facteurs clés de notre succès. C'est d'ailleurs l'un de nos premiers clients qui a réalisé notre site internet !

NOS PROCHAINS DÉFIS

Nous avons recours à différents moyens de transport pour nos voyages de ski d'aventure (hélicoptères, chenillettes, remontées mécaniques). Nous faisons affaire directement avec des partenaires et des sous-traitants. Nous effectuons également la recherche pour les clients qui désirent louer un chalet dans l'Ouest canadien ou encore acheter des billets d'avion pour l'Amérique du Sud, car nous ne proposons pas encore cette option directement à nos clients. Nous dépendons alors beaucoup de notre réseau de partenaires. Présentement, *Névé XP* doit renégocier ses contrats à court terme et sur une base régulière.

Par ailleurs, à court terme, nous comptons élargir les services de l'entreprise et offrir d'autres destinations de voyages de ski d'aventure, telles que l'Inde, l'Alaska et l'Antarctique. Nous souhaitons devenir des experts sur les marchés encore peu exploités. Alors que la culture du ski est largement répandue en Europe, elle est encore au stade de découverte en Amérique du Sud. Au fait, seul le bas de la montagne y est utilisé, ce qui nous laisse tout le reste des pentes à exploiter.

LA PASSION DU SKI, UNE ACTIVITÉ À TEMPS PLEIN

Vous aurez sans doute compris que *Névé XP* a été conçue avant tout comme une entreprise pouvant répondre au style de vie des fondateurs. Nous skions deux cents jours par année dans des paysages pittoresques et nous avons l'opportunité de financer nos aventures personnelles à titre de développement d'affaires. Il est évident que l'entreprise a un réel potentiel, mais nous n'avons pas, pour le moment, le désir de nous créer des emplois à temps plein. En effet, nous avons différents contrats en parallèle au sein de cette industrie. Quant à moi, je suis prévisionniste d'avalanche en Haute Gaspésie et guide de montagne dans l'Ouest canadien et en Amérique du Sud pour une compagnie d'héli-ski. Je suis nourri, logé et je skie toute la journée !

> *ÊTRE GUIDE C'EST COMME DEVENIR ÉLECTRICIEN : ON A BESOIN DE BEAUCOUP DE PRATIQUE ET D'EXPÉRIENCE POUR ÊTRE AUTONOME !* «

En fin de compte, environ la moitié de mon temps est consacrée à *Névé XP* annuellement, soit sur le terrain comme guide ou pour régler des problèmes administratifs. Prenez par exemple la problématique de la responsabilité civile. Cela entraîne de lourdes dépenses qui représentent à elles seules l'équivalent de 10 % de notre chiffre d'affaires. Nous devons engager périodiquement des guides certifiés pour combler nos besoins en termes de supervision, tout en partageant le risque lié à la responsabilité civile.

ÊTRE UN GUIDE DE MONTAGNE ENTREPRENANT

Je ne me définis pas comme un homme d'affaires au sens purement financier du terme. Je préfère penser que je suis un entrepreneur qui crée des possibilités. Après mes études universitaires en entrepreneuriat, j'ai décidé de suivre une formation plus technique pour acquérir les compétences en prévision d'avalanche et en gestion de risques notamment. Ma formation de guide de montagne requiert davantage de temps que ma formation en affaires en a pris. Je suis encore dans le processus visant à obtenir mon brevet de guide de ski, brevet qui me sera octroyé par l'*Association canadienne des guides de montagne*. Être guide c'est comme devenir électricien : on a besoin de beaucoup de pratique et d'expérience pour être autonome ! Cela exige d'être supervisé pendant une période de deux à trois ans.

Il est vrai qu'il n'y a rien de plus contagieux que la passion; certaines personnes n'en ont pas et se raccrochent à la vôtre. Cependant, vivre pleinement sa passion a, bien entendu, ses inconvénients. Être guide de montagne pendant toute l'année exige une dizaine de voyages annuellement. Par conséquent, le guide n'a pas de résidence fixe. Par exemple, lors d'un voyage, je ne dispose que d'un sac contenant plusieurs paires de skis ainsi que d'une trousse de survie. Enfin, je n'ai pas encore trouvé l'équilibre ou le moyen de faire coexister mes vies personnelle, familiale et de couple avec ma vie professionnelle.

De plus, les conditions salariales peuvent être un frein pour celui qui décide de transformer sa passion en une opportunité d'affaires. Toutefois, tout en comptant sur de maigres revenus, j'ai tout ce dont j'ai besoin et je me considère comme aisé ! En fait, je crois qu'il y a deux façons d'être riche : soit en faisant beaucoup d'argent, soit en n'en dépensant peu.

JE CROIS QU'IL Y A DEUX FAÇONS D'ÊTRE RICHE : SOIT EN FAISANT BEAUCOUP D'ARGENT, SOIT EN N'EN DÉPENSANT PEU. »

Les vacances sont rares. Ce sont pour moi des périodes de transition entre deux emplois. Certains diront que nous sommes constamment en vacances. Au fait, je me considère davantage comme étant en période de préretraite ! Cela dit, je suis convaincu que l'entrepreneuriat offre des opportunités d'interactions concrètes avec le monde. C'est ce qui fait que l'on peut exister en tant que société. Je vous invite simplement à canaliser l'humain en vous et à mettre votre passion au cœur de votre réflexion.

CHAPITRE 14

CARLO COCCARO

LES SERVICES PÉDAGOGIQUES MATH ET MOTS
MATH ET MOTS MONDE

CARLO COCCARO

FICHE PERSONNELLE

ENTREPRISES : Les services pédagogiques Math et Mots et Math et Mots Monde

SITES WEB : www.mathetmots.com et monde.mathetmots.com

DATES D'INCORPORATION : avril 2008 et octobre 2010

VOS MENTORS : ma grand-mère pour tout ce qu'elle était. De nombreuses personnes connues et moins connues qui sont intègres et admirables

VOTRE MEILLEUR ATOUT : l'empathie et la résilience

CE QUI VOUS MOTIVE : faire une différence dans la vie des gens

VOTRE PLUS GRANDE FIERTÉ : vivre mes valeurs au quotidien. Mon épouse et mes enfants. Être entrepreneur

LA PREMIÈRE CHOSE À LAQUELLE VOUS PENSEZ QUAND VOUS VOUS LEVEZ : encore aujourd'hui, la journée sera trop courte !

CARLO COCCARO

LES SERVICES PÉDAGOGIQUES MATH ET MOTS
MATH ET MOTS MONDE

Math et Mots Monde et *Les services pédagogiques Math et Mots* sont des entreprises qui œuvrent dans le milieu de l'éducation et de l'aide à l'apprenant depuis plus de six ans. D'une part, nous offrons des services d'orthopédagogie directement dans les écoles ou dans nos bureaux pour les élèves qui éprouvent des difficultés ou des troubles d'apprentissage. D'autre part, *Math et Mots Monde* est le distributeur mondial francophone exclusif de trois logiciels d'aide à l'écriture et à l'organisation de la pensée en images.

Pendant trois ans, *Les services pédagogiques Math et Mots* ont offert presque exclusivement des services de soutien scolaire à domicile avant de proposer toute une gamme de services d'orthopédagogie. Ces derniers sont désormais au cœur de nos activités : nous souhaitons aider les élèves qui éprouvent des difficultés ou qui ont des troubles d'apprentissage. Ces jeunes ont, pour la plupart, le même potentiel de réussite scolaire que les autres enfants, mais ils ont besoin de services et d'outils particuliers. C'est alors que je cherchais ces outils que *Math et Mots Monde* a vu le jour en 2010.

UNE PREMIÈRE ENTREPRISE : DEVOIRS ET LEÇONS

Après avoir travaillé pendant quelques mois comme gestionnaire de commerce au détail, j'ai décidé de créer *Devoirs et leçons*, une entreprise de soutien scolaire à domicile pour les élèves du primaire et du secondaire. J'ai entrepris ce projet avec celle qui allait devenir mon épouse. À cette époque, j'enseignais l'italien au Cégep, mais c'est principalement les compétences et le savoir-faire en enseignement de ma partenaire qui ont mené à la création de cette première entreprise. Comme plusieurs parents souhaitaient avoir de l'aide pédagogique destinée aux enfants, nous avons décidé d'offrir un service qui leur permettait d'avoir facilement accès à des enseignants qualifiés et à un service fiable et humain. Étant à la recherche de nouveaux défis, nous avons donc démarré *Devoirs et leçons* en avril 2005.

Au début de la période estivale, après trois mois d'activité, nous avons reçu nos premiers appels de parents qui étaient à la recherche de cours d'été personnalisés pour leurs enfants. En quelques jours, nous avons reçu plus de cinquante demandes puisqu'une commission scolaire de la région nous recommandait aux parents. Cependant, nous n'avions encore aucun enseignant. En juillet, nous avons alors embauché une quinzaine de professeurs à temps partiel. Août, septembre et octobre ont été, en revanche, des mois très calmes. *Devoirs et leçons* était peu connue et plusieurs parents attendaient le premier bulletin de leur enfant avant d'opter pour du soutien scolaire. Aussi, malgré de nombreuses rencontres, les directions d'école montraient une certaine réticence à nous recommander. Elles invoquaient qu'un partenariat éventuel d'aide aux devoirs et aux leçons pouvait être interprété comme un aveu d'échec de la part de l'école à bien soutenir l'élève dans ses apprentissages.

EN QUELQUES JOURS, NOUS AVONS REÇU PLUS DE CINQUANTE DEMANDES PUISQU'UNE COMMISSION SCOLAIRE DE LA RÉGION NOUS RECOMMANDAIT AUX PARENTS. «

Face à cette situation, il fallait trouver une façon de faire parler de nous autrement. Pour assurer la viabilité de l'entreprise à long terme, nous devions donc pouvoir rejoindre directement notre clientèle. J'ai alors décidé d'investir les quelques milliers de dollars générés pendant l'été en publicité sur *Google* afin de valider notre intuition d'affaires et aller au-devant de notre clientèle. Cette décision s'est rapidement révélée gagnante. C'est ainsi que *Devoirs et leçons* a trouvé son rythme de croisière et a poursuivi son essor en recrutant des enseignants. En 2008, nous comptions entre 75 et 100 enseignants à temps partiel. De plus, nous embauchions des employés fort compétents puisque seuls des enseignants, des orthopédagogues ou des étudiants universitaires en enseignement pouvaient offrir des cours à domicile sous notre bannière. D'ailleurs, depuis le début, la qualité de nos services a toujours été notre priorité. Contrairement à certains de nos compétiteurs, nous n'embauchions aucun étudiant collégial. Nous mettions aussi beaucoup de temps et d'énergie au recrutement et la formation de nos enseignants. Je suis convaincu que la pérennité à long terme d'une entreprise passe par la qualité de son offre. Malgré notre obsession pour la qualité de nos services, nous proposions des tarifs très compétitifs, donc très peu rentables. En 2008, nous avons alors décidé d'augmenter nos tarifs, les faisant passer de 30 $ à 50 $ de l'heure pour le soutien scolaire à domicile. Aussi, nous souhaitions nous réorienter vers des services plus spécialisés d'orthopédagogie. Il y a beaucoup trop d'enfants et d'adolescents qui ont des difficultés ou des troubles d'apprentissage. De plus, ils n'ont souvent pas accès aux outils et aux services nécessaires à leur développement. D'ailleurs, il a été scientifiquement prouvé que ces personnes ont une intelligence moyenne ou supérieure à la moyenne et sont souvent plus créatives que leurs pairs. Par contre, ils ont des difficultés d'expression écrite ou orale, de lecture, et de motricité.

Ils ont le même potentiel de réussite scolaire que les autres, mais ils font face à des obstacles supplémentaires. Pour les aider à surmonter ces obstacles et à ainsi relever leurs défis d'apprentissage, *Devoirs et leçons* est devenue, en avril 2008, *Les services pédagogiques Math et Mots*.

LES SERVICES PÉDAGOGIQUES MATH ET MOTS

L'objectif des *services pédagogiques Math et Mots* est d'amener un enfant qui éprouve des difficultés ou des troubles d'apprentissage à progresser par l'intégration d'outils et de stratégies adaptés à son style d'apprentissage et à ses particularités. Pour ce faire, nous avons ajouté l'orthopédagogie à notre gamme de services.

Presque au même moment, nous avons commencé à faire la vente de logiciels et d'outils spécialisés pour les élèves qui éprouvent des difficultés de lecture, d'écriture et d'organisation de leurs pensées. En 2010, nous sommes devenus revendeurs officiels des logiciels *WordQ* et *WordQ+SpeakQ* au Québec. *WordQ* est un logiciel d'aide à l'écriture et à la lecture qui intègre des fonctions de prédiction de mots et de synthèse vocale (lecture de texte). Il permet à des centaines de milliers de personnes à travers le monde de mieux écrire leurs pensées et de contourner les difficultés liées à un trouble d'apprentissage (dyslexie, dysorthographie, dyspraxie, dysphasie, etc.), à l'analphabétisme, à des handicaps moteurs ou encore à des traumatismes crâniens. *WordQ* suggère des mots que l'utilisateur souhaite peut-être utiliser de façon à lui permettre de se concentrer sur ce qu'il désire écrire plutôt que sur le processus d'écriture. Ce logiciel peut aussi lire tout le texte présent sur un ordinateur : les mots et les phrases écrites par l'utilisateur, les courriels, les pages internet et les menus contextuels. *SpeakQ*, quant à lui, est un complément de reconnaissance vocale utilisé avec *WordQ*. Ainsi, on peut améliorer la qualité de nos écrits en utilisant notre voix pour écrire des mots et des phrases.

Rappelons qu'aujourd'hui au Québec, un adulte sur cinq est analphabète fonctionnel; c'est-à-dire incapable d'exercer toutes les activités pour lesquelles l'alphabétisation est nécessaire, comme écrire un texte, prendre connaissance des nouvelles ou lire une recette de cuisine[1]. L'achat de ces logiciels peut grandement faciliter leur vie. De la même façon, environ un adulte sur deux au Québec et au Canada est aux prises avec des difficultés en littératie[2].

1 Une personne n'ayant pas terminé neuf années de scolarité est considérée comme analphabète fonctionnel. Un analphabète est une personne qui ne sait ni lire ni écrire et/ou qui n'a pas terminé ses cinq premières années d'études.

2 La littératie est, selon l'*Organisation de coopération et de développement économique* (OCDE) : « l'aptitude à comprendre et à utiliser l'information écrite dans la vie courante, à la maison, au travail et dans la collectivité en vue d'atteindre des buts personnels et d'étendre ses connaissances et ses capacités. »

L'ORTHOPÉDAGOGIE

L'orthopédagogie et l'aide aux élèves qui éprouvent des difficultés ou des troubles d'apprentissage représentent le tournant de 2008, ce qui a suscité notre changement de nom et de philosophie d'entreprise. Une difficulté d'apprentissage est généralement une contrainte qui peut se résorber puisqu'elle est liée à une situation temporaire. Parmi les sources de ces maux, nous pouvons citer le divorce, la maladie ou toutes autres causes extérieures qui affectent l'enfant et l'empêchent d'être disponible à l'apprentissage. Le trouble d'apprentissage est, quant à lui, principalement d'origine neurologique. Ses formes les plus courantes sont la dyslexie, la dysorthographie et le trouble déficitaire de l'attention avec ou sans hyperactivité (TDAH). Le plus difficile dans ces situations est que seule une personne ayant un trouble d'apprentissage peut comprendre pleinement les difficultés encourues et leur impact sur l'individu. Malheureusement, le système scolaire actuel ne permet pas à ces élèves de progresser à la hauteur de leur potentiel. Les raisons sont nombreuses, mais je dirais que la principale raison est probablement que l'élève est rarement au centre des décisions administratives. De plus, nombreux sont les enseignants qui ne connaissent pas les troubles d'apprentissage. Ils ont 25 ou 30 élèves à leur charge. Il leur est donc difficile d'avoir une approche individualisée.

Par ailleurs, malgré les coûts et les listes d'attente, l'accès aux diagnostics de troubles d'apprentissage est plus facile qu'avant. De plus, lorsqu'un élève reçoit un tel diagnostic, cela est souvent ressenti comme une libération autant pour lui que pour ses parents. En effet, ces élèves voient trop souvent leur estime personnelle réduite au minimum, sans parler des commentaires des autres élèves, des parents et des enseignants. Le diagnostic leur apporte alors un début de réponse et de nombreuses pistes de solutions. Nos orthopédagogues et nos outils technologiques leur permettent de développer des stratégies et des astuces pour pouvoir apprendre malgré les embûches.

MATH ET MOTS MONDE

En un an, *Les services pédagogiques Math et Mots* sont passés de revendeurs à revendeurs officiels québécois des logiciels *WordQ* et *WordQ+SpeakQ*. Au cours de cette période, j'ai vu à quel point ces outils permettent de changer la vie de nombreuses personnes et pas seulement celles d'élèves en difficultés. Nos clients n'étaient plus exclusivement les parents d'enfants aux prises avec des difficultés scolaires ou avec des troubles d'apprentissage, mais tous ceux et celles qui souhaitent mieux écrire, lire et réfléchir. Aujourd'hui, notre clientèle s'étend à toute la francophonie, car à la fin de 2010, nous sommes devenus le distributeur exclusif francophone mondial des logiciels *WordQ*, *WordQ+SpeakQ* et *Inspiration*. C'est là que *Math et Mots Monde* a vu le jour et a étendu son marché à l'ensemble de la francophonie.

Nous souhaitons maintenant offrir les meilleurs outils permettant à chacun d'exprimer son plein potentiel. Pour réaliser notre mission, nous misons sur une valeur primordiale, celle qui guide notre démarche depuis le début : l'empathie. Pour commencer à aider les individus et leur proposer des outils adaptés, il faut être empathique. La simple réponse aux besoins ne suffit plus : il faut connaître l'environnement et la réalité de ceux qui ont des troubles ou des difficultés d'apprentissage, afin de prédire l'impact qu'auront nos produits et services sur nos clients.

LA DIFFÉRENCE MATH ET MOTS : DES PROFESSIONNELS ET DES OUTILS POUR UNE AIDE PERSONNALISÉE

En vue d'assurer le service de soutien scolaire, nous avons employé environ une centaine d'enseignants et orthopédagogues. Nous travaillons aussi en collaboration avec la neuropsychologue Johanne Lévesque, réputée dans son domaine et pionnière en *neurofeedback* au Québec. Ce partenariat nous permet d'offrir plus facilement un diagnostic, une évaluation ou tout autre service neuropsychologique aux enfants qui en ont besoin. En retour, plusieurs des patients du Docteur Lévesque profitent de notre expertise.

De plus, nous proposons un service clé en main aux écoles privées; nous prenons en charge leur service d'orthopédagogie, soient les inscriptions, les services à l'élève ainsi que les communications avec les enseignants et les parents. Il est également possible de profiter de nos services dans nos locaux. Cela dit, il n'est pas toujours facile de faire prendre conscience aux directions d'école que l'orthopédagogie se révèle souvent nécessaire pour aider les élèves qui éprouvent des difficultés. Pourtant, les bienfaits de ces méthodes ne sont plus à prouver, mais il faut reconnaître que les directions d'écoles ont une équipe à gérer, et ce, avec des ressources souvent insuffisantes. Dans un tel contexte, un leadership important et un soutien marqué pour les intervenants externes peuvent s'avérer d'un grand secours et peuvent même contribuer à faire évoluer le milieu scolaire.

UNE POSITION À CONSOLIDER

Les services pédagogiques Math et Mots sont présentement actifs sur la Rive-Nord de l'île de Montréal. Nous espérons d'ailleurs développer davantage les services d'orthopédagogie, tant dans nos bureaux qu'au sein des écoles. Je crois beaucoup aux partenariats avec les professionnels de l'éducation. Il est évident qu'il est peu probable de détenir l'ensemble des expertises (orthopédagogie, orthophonie, ergothérapie, neuropsychologie, etc.) au sein d'une même entreprise. Nous envisageons une expansion commune avec des partenaires poursuivant les mêmes objectifs de développement. La croissance ne devra toutefois pas influer sur la cohérence de l'entreprise et sur la qualité des services offerts.

LES PRINCIPAUX DÉFIS À RELEVER

Outre la croissance géographique et l'expansion de notre offre de services, *Les services pédagogiques Math et Mots* doivent relever plusieurs défis. Le premier est d'attirer et de retenir les meilleurs orthopédagogues et professionnels. La survie et le développement de notre entreprise passent par ces professionnels engagés et dédiés à la réussite de leurs élèves.

Aussi, comme nos services d'orthopédagogie coûtent entre 75 et 100 $ de l'heure, nous aimerions favoriser progressivement l'accès de nos services aux personnes à faible revenu. Je crois beaucoup à l'idée de réunir les préoccupations économiques, écologiques et sociales au sein d'une entreprise, d'un projet ou même d'une vie. Évidemment, une entreprise doit être économiquement viable si elle veut exister, mais je pense qu'elle doit aussi respecter l'environnement et le protéger. D'un point de vue plus personnel, il m'est important de faire le bien et de bien faire les choses. Les profits doivent être le résultat de nos objectifs ou de notre mission et non une fin en soi.

Avec *Math et Mots Monde*, un tout nouvel horizon se dessine. Comme l'empathie reste à la base de nos actions, il importe d'être en mesure de bien comprendre les environnements économiques, sociaux et culturels des pays et des régions francophones dans lesquels nos logiciels peuvent percer. Dans ce contexte, le choix de nos collaborateurs locaux est un défi continuel et complexe.

ÊTRE ENTREPRENEUR

Je pense que l'on naît entrepreneur en ce sens que les qualités requises et l'environnement propre à la vie en entreprise font partie de qui nous sommes en tant qu'entrepreneur. J'ai suivi une formation en entrepreneuriat à *HEC Montréal* et j'ai beaucoup appris. Cela m'a été fort utile, puisque je n'avais pas d'exemple entrepreneurial concret dans mon entourage. Lorsqu'on a la chance d'être issu d'une famille d'entrepreneurs, d'en côtoyer de très près dès un jeune âge, on apprend par observation et on s'enrichit des expériences positives comme négatives. Plus jeune, je rêvais à la vie d'entrepreneur, mais je ne croyais pas avoir les compétences requises pour y arriver. J'ai acquis des connaissances et de l'expérience durant mon parcours universitaire, mais aussi lors de mes débuts entrepreneuriaux avec *Devoirs et leçons*. En six ans, j'ai créé trois entreprises et d'autres projets verront bientôt le jour. Je sais maintenant que je suis un entrepreneur et j'en suis très fier !

Être entrepreneur, c'est vivre continuellement dans un processus d'essais et d'erreurs. En rétrospective, je peux dire que j'ai commis de nombreuses erreurs et j'ai aussi connu l'échec. Premièrement, j'aurais pu aller chercher du support et de l'aide dès le départ. Les organismes tels que le *Service d'Aide Jeunes Entrepreneurs* (SAJE) ou les *Centres locaux de développement* (CLD) fournissent aux entreprises en démarrage un encadrement et, dans le meilleur des cas, du financement. J'ai, en fait, surestimé le potentiel de développement rapide de *Devoirs et leçons.*

JE PENSE QUE L'ON NAÎT ENTREPRENEUR. »

Par ailleurs, comme beaucoup d'entrepreneurs passionnés et habités par leur projet d'entreprise, j'ai établi des prévisions trop optimistes. J'avais à la fois surestimé les revenus et sous-estimé les dépenses. Aussi, pour qu'une opportunité devienne une entreprise rentable, cela nécessite en réalité beaucoup de temps, d'énergie et d'implication, et ce, même après le démarrage. Les erreurs sont très coûteuses et s'entourer de personnes compétentes est primordial. Le choix de nos collaborateurs et de nos employés est très important dans une PME. Prendre une mauvaise décision peut avoir des conséquences néfastes. J'ai vécu cette situation et le seul conseil que je peux donner est de vous fiez à votre instinct et à vos valeurs !

En d'autres termes, si je devais adresser quelques conseils à des entrepreneurs en herbe, je les inviterais à aller chercher de l'aide, à ne pas hésiter à contacter des concurrents, fournisseurs, clients ou partenaires afin de faire évoluer leur idée d'entreprise. Je les encouragerais à foncer, peu importe leur âge ou leur formation. J'encourage beaucoup les jeunes à tenter le tout pour le tout très tôt dans leur vie. On ne peut apprendre et progresser rapidement que dans l'action et le concret. Il faut être idéaliste et agir selon nos valeurs. Il ne faut surtout pas avoir peur de l'échec. Aussi terrible soit-il, l'échec fait partie du parcours de nombreux entrepreneurs à succès et il faut le voir comme un tremplin et non un trou noir. Il faut juger les échecs par la capacité de leurs acteurs à rebondir vers de nouveaux sommets.

Enfin et surtout, être entrepreneur c'est un véritable mode de vie ! Il est crucial d'aimer ce que l'on fait, mais il ne faut pas perdre de vue les autres sphères de la vie. En ce qui me concerne, la qualité du travail ne se compte pas en heures, mais en valeur. La vie d'entrepreneur nécessite beaucoup d'énergie, mais, de mon côté, mon équilibre familial et personnel est prioritaire. Mes entreprises sont des outils pour atteindre cet équilibre et me permettre de vivre au quotidien ma vie de rêve.